Francisco de Rojas Zorrilla

Lo que quería ver el marqués de Villena

Barcelona **2024**
Linkgua-ediciones.com

Créditos

Título original: Lo que quería ver el marqués de Villena.

© 2024, Red ediciones S.L.

e-mail: info@linkgua.com

Diseño de cubierta: Red ediciones

ISBN tapa dura: 978-84-9953-622-4.
ISBN rústica: 978-84-9816-228-8.
ISBN ebook: 978-84-9897-773-8.

Sumario

Brevísima presentación

La vida

Francisco de Rojas Zorrilla (Toledo, 1607-Madrid, 1648). España.

Hijo de un militar toledano de origen judío, nació el 4 de octubre de 1607. Estudió en Salamanca y luego se trasladó a Madrid, donde vivió el resto de su vida. Fue uno de los poetas más encumbrados de la corte de Felipe IV. Y en 1645 obtuvo, por intervención del rey, el hábito de Santiago.

Empezó a escribir en 1632, junto a Pérez Montalbán y Calderón de la Barca, la tragedia El monstruo de la fortuna. Más tarde colaboró también con Vélez de Guevara, Mira de Amescua y otros autores.

Felipe IV protegió a Rojas y pronto las comedias de éste fueron a palacio; su sátira contra sus colegas fue tan dura al parecer que alguno de los ofendidos o algún matón a sueldo le dio varias cuchilladas que casi lo matan. En 1640, y para el estreno de un nuevo teatro construido con todo lujo, compuso por encargo la comedia *Los bandos de Verona*. El monarca, satisfecho con el dramaturgo, se empeñó en concederle el hábito de Santiago: las primeras informaciones no probaron ni su hidalguía ni su limpieza de sangre, antes bien, la empañaron; pero una segunda investigación que tuvo por escribano a Quevedo, mereció el placer y fue confirmado en el hábito (1643). En 1644, desolado el monarca por la muerte de su esposa Isabel de Borbón y poco más tarde por la de su hijo, ordenó clausurar los teatros, que no se abrirían ya en vida de Rojas Zorrilla, muerto en Madrid el 23 de enero de 1648.

Personajes

Doña Juana de Madrid, vestida de estudiante
El doctor don Pedro Bermúdez, estudiante
El licenciado Cetina, estudiante
Estudiantes castellanos viejos
Estudiantes manchegos
El licenciado Obregón, estudiante
Serafina, dama
Julia, criada
Fileno, mágico
El marqués de Villena don Enrique
Zambapalo, estudiante gorrón
Un Criado
Músicos
Alguaciles de escuelas
Un Pastelero
El Juez del estudio
Dos porteros
Un Valiente
Bravo
Carrasco

Jornada primera

(Salen el licenciado Cetina y estudiantes castellanos viejos, con espadas y broqueles, de noche.)

Cetina   ¡Vítor el dotor Bermúdez!

Estudiante I   ¡Vítor Campos!

Estudiante II   ¡Vítor Campos!

Estudiante III   ¡Campos Vítor!

Todos   ¡Tor, vítor!

Cetina   ¡Vítor Ayllon!

Estudiante I   Lugarazo
es de Castilla la Vieja;
de mal vino, pero caro.

Estudiante II   Linda noche.

Cetina   En Salamanca,
y en invierno, de milagro
hace buena noche.

Estudiante III   Y más
para quien no tiene lado.

Voces (Dentro.)   ¡Vítor Mancha!

Estudiante II   ¡Mancha vítor!

Cetina	Señores, por el Mercado viene la Mancha.
Estudiante II	A ajos huele.
Estudiante I	Y a vino tinto.
Cetina	Y no malo.
Voces (Dentro.)	¡Vítor san Clemente!
Estudiante I	Este era el que olía.
Todos	¡Vítor Campos!
Cetina	¡Vítor Madrid!
Estudiante II	Madrid no es Mancha.
Cetina	Señor Licenciado, aquí en Salamanca es Mancha desde Guadarrama abajo. ¡Vítor Bermúdez!
Todos	¡Bermúdez revítor!
Cetina	Ya hemos llegado a su ventana.
Todos	¡Tor! itor!

10

Cetina	Quedo, que si no me engaño, nuestro opositor parece que a aquel balcón se ha asomado.
Todos	¡Vítor don Pedro Bermúdez!

(Asómase don Pedro Bermúdez a la ventana.)

Bermúdez	Y el que con tan noble amparo, aunque infeliz, vencer piensa la influencia de los astros. Pero, ¿quién sois, porque yo, puesto que me habéis honrado, pueda ser agradecido?
Cetina	Todos somos castellanos viejos, sin mezcla ninguna de gallego.
Bermúdez	Y mis paisanos sois todos.
Cetina	Y que han de dalle la cátedra.
Bermúdez	Y cuando acaso la cátedra no consiga, por lo menos he granjeado que no pueda la fortuna quitarme vuestros aplausos.
Cetina	Yo soy su hacedor, y sepa, que no hay ninguno de cuantos vienen conmigo, que no

ponga su voto en mis manos.
Todos han de ser sus votos,
y sus reniegos si acaso
pierde la cátedra; y juro,
que si cualquier castellano
negare a vuesamerced,
que haber puede alguno calvo,
ha de hacer Campos con él
cosas que le haga hacer campos,
y aunque el Marqués de Villena
y todos los de su bando,
quieran que el dotor Madrid
con su cara fondo en raso
lleve la cátedra, siendo,
como se ve, graduado
por Capadocia dotor,
que solamente en el rastro
de Madrid habrá de ser
mejor visto por castrado.

Bermúdez   Los votos son de justicia.

Cetina   Y costas, si de contado
                  se nos da la colación
                  que se busca en tales casos.

Bermúdez   Aquí está ya prevenida.

Estudiante I   Pues váyala ucé dejando
                  caer.

Bermúdez   Treinta papelones
                  hay de a libra, porque a tantos
                  beneficios mal podían

12

mis cortedades pagaros.

(Echa papeles de confitura.)

Esta es la colación.

Voces (Dentro.)   Deste beneficio estamos
borrachos, señor Dotor.

Bermúdez   ¿Qué dice?

Cetina (Tienta los papeles.)
Que aquí hay engaños.
Estos papelones tienen
tres cuarterones escasos.

Bermúdez   Seor licenciado Cetina
así los trujo un criado
de la tienda.

Cetina   Señor mío,
yo conozco por el tacto
y por el peso lo que hay;
y sepa, que estoy cursado
en esta materia, y suelo,
a la dama que más amo,
quitando a cada papel
un cuarterón, y dejando
el papel largo y angosto,
darla tres libras por cuatro.

(Échale otras dos, y a los demás.)

Bermúdez   Accipe alia duo.

13

Cetina	Accipio.
Bermúdez	Y tengan todos.
Estudiante I	Teneamus;
	¡El Dotor tres cuarterones
	vítor!
Bermúdez	Óyeme usted.
Cetina	Audio.
Bermúdez	Mañana he de tomar puntos.
Cetina	Yo los tomo cada rato.
Bermúdez	Y otro día he de leer.
Cetina	Lea usted conciso y claro,
	y si la cátedra lleva
	diremos los castellanos...
Bermúdez	Decid, ¿qué?
Todos	¡Vítor Bermúdez!
Bermúdez	Y yo, si me habéis honrado,
	podré decir, ¡Campos vítor!
Todos	¡Campos vítor! ¡vítor Campos!

(Vanse.)

(Salen Zambapalo y estudiantes manchegos, y el licenciado Obregón, de noche, con escopetas.)

Estudiante I   ¡Vítor la Mancha! ¡Tor, tor!

Estudiante II   ¡Revítor Madrid!

Zambapalo   A ratos.

Estudiante I   ¿Quién habla mal de Madrid
                      la patria de ingenios tantos
                      cuyos valerosos hijos
                      son leones castellanos?

Zambapalo   Lo que es leones, hay muchos,
                      pero de las diez abajo.

Obregón   No me hablen mal de Madrid.

Zambapalo   Si no saben alabarlo.

Obregón   ¿Qué hay en él que sea mejor?

Zambapalo   ¿Qué es lo que hay, seor Licenciado?
                      la ropería de viejo,
                      donde si uno va a buscarlos,
                      le venden de otra manera
                      los calzones que le hurtaron.
                      Hay la puerta de la cárcel,
                      donde se halla todo trasto;
                      que un hombre busque la jaula,
                      quebrados todos los arcos,
                      la mesa con un pie menos,
                      la silla con solo un brazo,

la manga sin compañera,
el tahalí de otros cabos,
sin ruedas un carretón,
y una espada sin recazo;
la ropilla sin calzones,
canta con llave y sin clavos;
una ballesta sin nuez,
un candil sin garabato,
un broquel sin cazoleta,
un almirez y sin mano,
un baúl sin cerradura,
un reloj desconcertado,
libro sin principio y fin,
una pintura sin marco;
que esto aderezarlo cuesta
un tercio más que comprallo.
Hay en la corte también...

Obregón   Licenciado Zambapalo,
                 déjelo por vida suya.

Zambapalo   Con esto no más acabo:
                 hay en la corte también
                 amoladores gabachos
                 que destruyen los cuchillos
                 no más de con amolarlos.

Obregón   ¿Pues con qué intención los echan
                 a perder?

Zambapalo   Esto está claro:
                 los franceses de Madrid
                 van horros para engañarnos;
                 unos los amuelan, y otros

16

	los venden; que han concertado
	que éstos a perder los echen
	porque estotros vendan caro.
Estudiante I	¡Vítor el dotor Madrid!
Obregón	Esperad, que hemos llegado
	de Serafina a la puerta.
Zambapalo	Démosla un vítor, contando
	sus gracias.
Obregón	Si han de ser todas,
	no habrá tiempo para tanto.
Zambapalo	¡Vítor Serafina!
Todos	¡Vítor!
Obregón	Con quien son Bartulo y Baldo,
	Felino, Abad y Jasón,
	y Menochio unos barbados.
Zambapalo	No hay en Salamanca dama
	de iguales partes.
Obregón	Ha dado
	el de Villena en pasearla;
	mas no la alcanzará.
Zambapalo	Al casco.
Todos	¡Vítor! itor!

Obregón	¡Sus ojos vítor! Que parecen tanto cuanto a los ojos de la puente de Madrid.
Zambapalo	Eso no alcanzo; ¿a la puente segoviana en qué los has comparado? ¿No responde en qué?
Obregón	En ser grandes y en estar desocupados.
Estudiante I	¡Vítor! itor!
Zambapalo	¡Vítor sus dientes! que en lo iguales y en lo blanco, para impotentes de amor son piñoncitos mondados.
Todos	¡Vítor! itor!
Zambapalo	¡Tor Serafina!

(Sale Julia, criada, a la ventana.)

Obregón	A la ventana ha llegado una criada.
Zambapalo	Ancilla es.
Julia	Eus escholastici.
Obregón	Gaudeo.

18

Zambapalo   ¿Quid vis?

Julia   Volo.

Obregón   Deshonesta,
                   ¿Qué es eso de volo?

Zambapalo   Palo.

Julia   Volo loqui.

Obregón   ¿Latín sabes,
                   Julianilla?

Julia   Yo he cursado
                   todas las clases.

Zambapalo   Sí creo.

Julia   Cuando doncella, estudiando
                   en remínimas, después
                   subí en el arte un grado;
                   y en mínimas estudié,
                   en menores de allí a un rato;
                   luego en medianos.

Zambapalo   Harto es,
                   que te quisiesen medianos.

Julia   Luego en mayores: en ellas
                   viví con grande regalo;
                   y ahora retórica estudio
                   para pedir.

Zambapalo	Lo has errado;
	no importa que hablar no sepas
	pulido, como hables claro.
Obregón	¿Y después, qué ciencia quieres
	estudiar?
Julia	Artes, que hoy hallo,
	que la más hermosa dama,
	sin arte, no vale un cuarto.
Zambapalo	¿Y después?
Julia	Astrología.
Zambapalo	Di, ¿para qué?
Julia	¿No está claro?
	Para levantar figuras.
Zambapalo	Eso suele valer algo.
Julia	Mi señora Serafina,
	mancheguísimos hidalgos,
	a todos, desde su cama,
	os envía mil recados;
	y para mañana a todos
	os convida, que ha trazado
	de ciencias una academia,
	y hoy ha convidado a cuantos
	sujetos en Salamanca
	tiene la escuela aprobados;
	y los estudiantes quiere

que sean oyentes, logrando
hacer más festivo el día
con la honra de vuestro aplauso.

Obregón   ¿Y tú has de estar en la fiesta?

Julia   Fiesta, donde hay hombres tantos,
              para mí no es de perder.

Zambapalo   Gran día, si haces barato.

Voces (Dentro.)   ¡Vítor Campos!

Zambapalo   ¡Mancha Vítor!

Campesinos (Dentro.)
                  ¡Cola Mancha!

Obregón   Licenciado
              campesino, ¡Campos cola!

Cetina (Dentro.)   ¡Mientes!

Obregón   Yo te doy de palos.

(Salen Cetina y estudiantes campesinos, y andan a cuchilladas con los manchegos.)

Cetina   ¿Quién dijo palos aquí?

Obregón   Aquí nadie.

Julia   Aquí hay porrazos.

(Vase.)

Obregón   Yo lo dije.

Cetina   Pues si él
lo dijo, haga luego un acto
de contrición...

Obregón   Esto es hecho.

(Saca una pistola Cetina, y pónese Obregón detrás de Zambapalo.)

Cetina   Porque quiero despacharlo.

Obregón   ¿Pistolitas para mí
sabiendo que no me espanto
de tiros de artillería?

Cetina   Pues morirás.

Zambapalo   Tenga mano.

Obregón   ¿Oyes? tira y no me yerres.

Zambapalo   No tire, seor licenciado
Cetina.

Obregón   Acaba, dispara,
que cara a cara te aguardo;
pero mira no me yerres.

Zambapalo   ¿Pues cómo puede acertarlo
estando detrás de mí?
Señor, ¿estamos borrachos?

22

	No dispare vuesarcé, que basta que yo disparo.
Obregón	Suelta la pistola.
Cetina	Ya la suelto.

(Arrójala.)

| Obregón | ¡Vítor Almagro |

(Embisten a cuchilladas.)

	y Valdestillas también! ¡Vítor, que lleva su ajo!
Cetina	¡Vítor Carrión y sus condes!
Obregón	Cien leones se han soltado para que esos condes huyan.
Cetina	Ellos sabrán azotaros, porque sois unas Elviras y unas doñas Soles.

(Huyen.)

Zambapalo	¡Caldo a los de Orgaz!
Bermúdez (Dentro.)	¡Que se matan los dos bandos!

(Sale un Estudiante con un hacha.)

Doña Juana (Dentro.)

                    ¡Al Mercado!

Bermúdez (Dentro.)   ¡Por la Rua!

(Salen Bermúdez y doña Juana, vestida de estudiante.)

Doña Juana   Llegad todos;
señores manchegos, paso,
que soy el dotor Madrid.

Bermúdez   Tener, señores paisanos,
que soy el dotor Bermúdez.

Doña Juana   ¿Licenciado Obregón?

Obregón   Trato
de acabar con esta vieja
de Castilla.

Bermúdez   ¿Y vos?

Cetina   Yo ando
por sacaros esta mancha,
y no he de gastar un cuarto
en greda, que con almagre
ha de salir.

Estudiante   Verbum caro.

Doña Juana   Paz, señores.

Bermúdez	Ténganse.
Doña Juana	Óiganme ustedes.
Zambapalo	Audiamus.
Doña Juana	Caballeros, más importa que finos y apasionados aventuréis una gota de sangre por mí, que cuantos premios pueda la fortuna darme por vuestros aplausos.
Bermúdez	De la cátedra desisto, porque si habéis de arriesgaros a perder por mí las vidas, me sale el premio muy caro.
Cetina	¿Un capón ha de oponerse muy presumido y muy falso a la cátedra de Sexto?
Zambapalo	¿No le parece al picaño que en el Sexto leer puede la cátedra al más versado?

(Vuelven a embestirse.)

Doña Juana	Don Pedro Bermúdez es el que solo ha granjeado la cátedra por sus letras.
Bermúdez	El dotor Madrid, es llano, que por sus letras merece

más que otro en tan pocos años.

Doña Juana   Yo os suplico que os templéis.

Cetina   Señor dotor, en llegando
a hablarme así...

Obregón   Dese modo...

Cetina   Me convengo.

Obregón   Y yo me allano.

Bermúdez   Digo, señor don Alonso...

(Díceselo a Doña Juana)

que no sé cuál fijo astro
me obliga, aún más que me mueve,
a serviros y estimaros.
Yo he tenido amigos, yo
de tan fino me he preciado
con los que lo han sido míos,
que en esto solo aventajo
a los que en la edad pasada
fueron tema de los años.
Algo es más aqueste incendio
de aquel calor ordinario
con que la amistad estrecha
palabras, pero no lazos.
Este no hallarme sin vos
y este preciso adoraros,
más es que por vos, por mí,
también debí de ser algo.

Idos con Dios, y lograd
la cátedra, que aunque errado
contra vos me opongo, es
solo porque quiero daros
más triunfo en la oposición;
que tan contento me bailo
en ver que he de ser vencido
de vos solo, porque os amo,
que en el mismo vencimiento
parece que tengo el lauro.

Doña Juana   Señor don Pedro, agradezco
la fineza; mas no extraño
que me hagáis tantos favores,
que aunque vos me habéis honrado
más que al más íntimo amigo,
no me tiene más ufano
que me prefiráis a mí,
aunque otro os haya prendado,
porque aquel solo agradece
y yo solamente pago.
La cátedra es vuestra, que hoy
es vuestro ingenio, entre tantos,
el que por digno merece
repetidos los aplausos;
que aunque competido el mío
con el vuestro, no ha intentado
preferiros, que fue solo
porque es mi ingenio tan vano
que ha intentado la osadía
de querer aventajaros.

Bermúdez   ¿Queréis escucharme a solas
una palabra?

Doña Juana	Hablad.
Bermúdez	Ando con mis imaginaciones discurriendo.
Doña Juana	Habladme claro, proseguid.
Bermúdez	¿El corazón, qué oficio hace?
Doña Juana	Velando está como centinela dentro del pecho encerrado.
Bermúdez	¿Por dónde ve?
Doña Juana	Por los ojos, adonde registra el campo de los males y los bienes.
Bermúdez	¿Y si por ellos acaso no los viese?
Doña Juana	Hacia el oído sale también a escucharlos.
Bermúdez	¿Cómo avisa el corazón los males?
Doña Juana	Toca a rebato al alma, donde duplica

	latidos desconcertados.
Bermúdez	¿Y un bien cómo nos le avisa?
Doña Juana	Con alegres sobresaltos
	avisa dentro del pecho
	ardientemente pulsando.
Bermúdez	Pues no sé si el corazón
	un bien o un mal me ha avisado,
	centinela de la vida,
	o al oíros o al miraros
	pulsa el corazón, y creo
	que es bien el que me ha guardado
	la fortuna, cuando os ve
	sobresaltarse, y reparo
	que tiene indicios de mal
	el mismo haberos mirado.
	Parece bien, pero tiene
	por mal el bien encerrado
	la misma dificultad
	que hay en él para alcanzarlo.
	Pues sepa, si el mal es bien,
	que estoy sintiendo y dudando,
	pues de ver que el corazón
	obra activo y teme tardo,
	de dudarle y de creerle
	me alegro y me sobresalto.
Doña Juana	No creáis al corazón,
	porque aunque suele avisarnos
	de los males y los bienes,
	en avisos o en presagios
	el corazón las más veces

	nos engaña.
Bermúdez	Eso no alcanzo.
	¿De qué suerte?
Doña Juana	Desta suerte:
	¿no sucede de ordinario,
	si en un caballo os ponéis,
	que si tropieza el caballo
	que el corazón crea el riesgo
	sin que haya riesgo?
Bermúdez	Está claro.
Doña Juana	Pues ved como el corazón
	os mintió. ¿No habéis pensado
	tal vez que vais a reñir,
	y luego, sobresaltando
	el corazón a las venas,
	pide socorros tan varios,
	que hurtando la sangre el rostro,
	se previene tan temprano,
	que el riesgo que ha de venir
	le tiene ya imaginado?
Bermúdez	Sí.
Doña Juana	¿Pues cómo el corazón
	no os declara vuestro engaño?
Bermúdez	Decís bien.
Doña Juana	Falta la vista,
	flaquea el oído tanto,

que tiene por verdaderas
voces que se le antojaron.
Engáñase el gusto, y cree,
de la aprensión ayudado,
que es suavísimo néctar
el siempre acíbar amargo.
¿Y queréis que el corazón,
nada verdad, todo engaños,
sepa más que los sentidos?
Destos sí, podéis fiaros,
que ellos engañan tal vez,
y él está siempre engañando.

Bermúdez   Pues mienta o no el corazón,
yo he de creerle.

Doña Juana   Engañaros
puede el corazón.

Bermúdez   No puede,
que a los ojos se ha asomado
y a los oídos, y vos
mismo estáis aconsejando
que prefiera los sentidos.

Doña Juana   Lo que me toca es pagaros
esa fe.

Bermúdez   Y a mí que dure
firme como estos peñascos.

Doña Juana   Pues ea, amigos, decid.

Bermúdez   Ea, amigos, si obligaros

	puedo con mi amor, diréis...
Cetina	¿Qué me ordenas?
Estudiante	Ya esperamos.
Doña Juana	¡Vítor el doctor Bermúdez!
Manchegos	¡Vítor Bermúdez!
Bermúdez	Trocando los afectos, ¡Madrid viva!
Cetina	Basta ser tuyo el mandato.
Todos	¡Vítor el dotor Madrid!
Doña Juana	¿Licenciado Obregón?
Obregón	Adsum.
Doña Juana	Haced que todos me sigan.
Bermúdez	¿Oísme, Cetina?
Cetina	Audio.
Bermúdez	Todos os venid conmigo siguiéndome.
Cetina	Pues eamus.
Bermúdez	En casa de Serafina vais.

Doña Juana	Hoy me ha convidado a una academia.
Bermúdez	Y a mí; ¿allá iréis?
Doña Juana	Allá os aguardo.
Bermúdez	Repetid, ¡vítor Madrid!
Cetina	Eso es bueno para un rato.
Campesinos	¡Vítor Capadocia!
Todos	¡Vítor!
Obregón	¡Vítor Mancha!
Campesinos	¡Vítor Campos!
Doña Juana	Cielos, ¿si sabe quien soy don Pedro?
Bermúdez	Una duda amo.
Doña Juana	No me descubras, fortuna.
Bermúdez	Dejadme, vivos cuidados.

(Sale el Marqués y un Criado)

Criado	Esta es la casa.

Marqués	Esta es;
	cómo yo he llegado, dí.
Criado	¿Llamaré a la puerta?
Marqués	Sí.

(Sale Julia.)

Julia	¿Quién es quien llama?
Criado	El Marqués
	de Villena, mi señor.
Julia	Esperad un poco agora,
	mientras digo a mi Señora
	como estáis aquí.
Marqués	¡Ay amor!
Julia	Y en esotra sala entrad.

(Vase.)

Marqués	Lo que mandareis haré.
Criado	¿A qué te llama?
Marqués	No sé;
	háceme gran novedad
	que dama con quien no vale
	la fe con que la he obligado,
	a llamar me haya enviado.

Criado	¿Ahora lo sabes?
Marqués	Ya sale.

(Sale Serafina y Julia.)

Serafina	Por grosería tendréis que me haya tardado.
Marqués	No; que antes para veros yo es menester que tardéis.
Serafina	No os entiendo.
Marqués	Es evidente, que siempre se deslumbró quien de la sombra salió a ver el Sol de repente; pues como preciso es peligrar la vista, quiero que haya alguna luz primero para ver al Sol después.
Serafina	Ese ejemplo no es de aquí, que ese gran padre del día sale entre la sombra fría, y a nadie ciega.
Marqués	Es ansí; pero es el alba primera, y la aurora rubia y clara, que a los mortales cegara

si de repente saliera;
con el alba se previene
la vista y la admiración,
porque aquellas luces son
avisos de que el Sol viene;
a él os habéis parecido
en enviar vuestros despojos,
mejor les está a mis ojos
que vos me hayáis prevenido;
pues con aquel resplandor
que de vuestras luces sale,
no veros luego, me vale
que os vea después mejor.

Serafina   Aunque me está bien oíros
lisonjas que he de estimaros,
sabed, que por acendraros,
deseo contradeciros.
Grande es vuestro entendimiento.

Marqués   Que no me alabéis querría,
porque parece ironía
de vuestro aborrecimiento.
No me tratéis con engaño.

Serafina   Único sois en las ciencias,
dueño de las experiencias
sin la costa de los años.
Sois en la escuela el mayor
sujeto della, esto sé.

Marqués   Más sé que todos...

Serafina   ¿Por qué?

Marqués	Porque sé amaros mejor.
Serafina	No es ciencia amor, claro está; un bruto sabe querer.
Marqués	Pero saber conocer lo que se ama lo será. Por amar mi entendimiento con perfección noche y día cursé en la filosofía de vuestro conocimiento; luego me puse a estudiar en honra clase mayor, las leves que pide amor para saber obligar. Luego con mayor desvelo la astrología estudié, por saber todo lo que hay dentro de vuestro cielo. Mas si no os he de alcanzar, mejor me está, Serafina, estudiar la medicina de saberos olvidar; pues si yo no he de aspirar a mereceros, llamarme fue para desengañarme.
Serafina	Hoy he querido juntar los sujetos de más partes que hay en la Universidad: día es de Navidad; mi inclinación a las artes tan grande es siempre, que quiero

hoy una academia hacer
en que vos habéis de ser,
como en la escuela, el primero.
Vos llevaréis la vitoria.

Marqués

Quienes en esta ocasión
sujeto de esa elección,
ya lo es de vuestra memoria;
si le merece mi pena,
premio a mi constancia dad.

Serafina

El amor quiere igualdad
sois el Marqués de Villena,
la que vuestra igual no es...

Marqués

¿Quién, Serafina, os iguala?

Julia

Gente viene.

Serafina

        A esotra sala
os pasad, señor Marqués.

Marqués

¿A esta sala pasarán
los académicos?

Serafina

        Sí.

Marqués

Pues ya obedezco; ¡ay de mí!

Serafina

¿Quién es?

Julia

        El dotor Ciclan.

(Sale doña Juana.)

Doña Juana	Es quien quiere, Serafina
	si ya no es que os cause enojos,
	estudiar para los ojos
	rayos de esa luz divina;
	ciega a un tiempo, y a otro inclina,
	pues como en su oculto arder
	no se puede comprender
	la llama, vengo a estudiar,
	no como os he de adorar,
	sino como os he de ver.
Serafina	Mucho me estáis lisonjeando.
Doña Juana	Verdad del deseo es.
Serafina	En esa sala, el Marqués
	de Villena está aguardando.
Doña Juana	¡Ay de mí! el Marqués...
Serafina	¿Amando
	me estáis?
Doña Juana	Y sin penetrar
	la luz, la luz sé adorar;
	pero verla he menester.
Serafina	Pues yo me dejaré ver
	si vos me sabéis amar.
Doña Juana	
(Aparte.)	(Mal entiendes mis cuidados.)

Serafina	Felice soy desde ahora.
Julia	(¡Y que sea mi Señora amiga de desbarbados!)
Doña Juana	Favores tan declarados, sola mi fe pagará.

(Vase.)

Serafina	Yo me he declarado ya, afectos, no tan veloces.
Julia (Aparte.)	(¿Sabrá éste dar cuatro coces a una mujer? No sabrá.)

(Sale Bermúdez.)

Bermúdez	Yo he venido a obedeceros a esta academia, a ocasión que logre mi admiración oíros a un tiempo y veros.
Serafina	Mi cuidado agradeceros debe una y otra fineza.
Bermúdez	Ved mi admiración que empieza de ver que el entendimiento esté alguna vez contento de gozar a la belleza.
Serafina	Y el entendimiento...
Bermúdez	Hablad.

Serafina	¿Sabréis vos por qué procura olvidar a la hermosura y querer a la fealdad?
Bermúdez	Es tanta su vanidad, que quiere una adoración singular; y así, la unión de la fealdad solicita, que la hermosura le quita parte de la estimación. Si el entendimiento veo que amar la beldad procura hace la mucha hermosura al entendimiento feo; si para mejor empleo ama la fealdad dichosa, la da luz tan misteriosa que como dél la luz nace el entendimiento hace que esté la fealdad hermosa. Pues como él cuando procura ver y amar con variedad, hermosea a la fealdad y a él le afea la hermosura; en la fealdad más segura su vanidad se percibe, que aunque desotra se prive, emplea su perfección adonde él da estimación y no donde la recibe.

(Salen Cetina, Obregón y estudiantes.)

Julia	Toda la Universidad a la academia ha venido; todo está ya prevenido; en esotra sala entrad. ¿Señor don Pedro?
Bermúdez	Esperad.

(Sale el Marqués y doña Juana y detiénenla entre los tres.)

Marqués	No os eclipséis, Sol, que llena de luz cielo y mar serena.
Doña Juana	Cayó amor.
Serafina	¡Estoy mortal!

(Tropieza.)

Bermúdez	Resbaló.
Marqués	Pie de cristal no ha de huir por el arena.
Serafina	Iba ciega; he tropezado.
Marqués	Si os mirabais, esto ha sido.
Bermúdez	El color habéis perdido.
Doña Juana	Pero ya le habéis cobrado.
Bermúdez	Bien al Sol he comparado peregrina esa belleza,

cuando a peligrar empieza
con la Luna su arrebol,
que cuando se eclipsa el Sol
es solo cuando tropieza.

Marqués   A ese río lisonjero
               también os comparo yo,
               al ver que el susto os dejó
               más hermosa que primero;
               tropieza de ir muy ligero
               en la peña que ha estrechado
               el margen que le ha guiado;
               pero si se para, es
               para correr más después
               solo porque se ha parado.

Doña Juana   Otro ejemplo al vuestro igual
               viene a ser la mar serena,
               que en tropezando en la arena
               más hermosea el cristal;
               sois Luna a quien da caudal
               nube que fue a escurecella,
               o estrella que está más bella
               si la turba el hielo frío;
               vos Sol la llamáis, vos río,
               yo la mar, Luna y estrella,

Julia   Bien el premio mereciera
               ingenio tan superior.

Serafina   Aunque no fuera el mejor
               a mí me lo pareciera.

Julia   Fileno el Mágico espera

licencia.

Serafina	Ya puede entrar.

(Salen Fileno y músicos.)

Fileno	Como me enviaste a avisar, señora, te obedecí.

Serafina	¿La música?

Músicos	Ya está aquí.

Julia	¿La escuela?

Serafina	Ya puede entrar.

Marqués	Para mí ver la figura del Mágico es gran deleite.

(Salen estudiantes manchegos y Zambapalo.)

Zambapalo	Aquí está la Mancha.

Julia	¡Aceite!

(Salen estudiantes campesinos.)

Cetina	Campos está aquí.

Julia	¡Basura!

Bermúdez	¡Linda academia!

Doña Juana	Lucida;
	famosa tarde será.

Serafina	Para vuecelencia está
	esta silla prevenida.

(Una silla sola, un bufete, unos músicos detrás, los estudiantes a los lados.)

Julia	Ea, sentarse, señores.

Zambapalo	Ahora mi ingenio verán.

Obregón	¡Gran tarde!

Cetina	Juntos están
	nuestros dos opositores.

Serafina	Los señores licenciados
	se acomoden.

(Siéntanse.)

Obregón	Ya lo estoy.

Zambapalo	¿Pues hay licenciados hoy
	que no estén acomodados?

Serafina	Para que el intento acierte
	atentos podéis estar,
	porque se ha de celebrar
	la academia desta suerte.
	Yo propondré una cuestión
	o un problema.

Cetina   Bien está
y así cada uno dirá
su opinión.

Obregón   ¡Linda opinión!

Serafina   La música ha de cantar
un mote con cada asunto;
luego sobre el mismo punto
la escuela ha de sentenciar;
y yo he de hacer un favor
al que conformándose antes
dijeren los estudiantes
que ha discurrido mejor.

Cetina   Vaya la cuestión primera.

Zambapalo   La proposición es mía,
sacando la Teología,
que es la ciencia verdadera.

Cetina   Proseguid.

Zambapalo   ¿Cuál ciencia, pues,
para la conservación
nuestra es la más útil?

Marqués   Son
las leyes.

Serafina   ¿Por qué?

Marqués   Porque es
su ciencia Filosofía

46

moral, que el discurso inventa,
política que sustenta
una y otra monarquía;
porque tengamos quietud
leyes el mundo inventó,
y de las leyes nació
la justicia, que es virtud.
Que son un freno juzgad
contra la humana malicia,
que si no hubiera justicia
tampoco hubiera verdad.
De los hombres el rencor
contra los hombres templaron,
porque el castigo inventaron
y criaron el temor.
Luego bien ahora fundo,
sin que haya contradicción,
que solas las leyes son
las que conservan el mundo;
que es tanta su utilidad,
que sin ellas nuestro error
no consiguiera temor,
quietud, justicia y verdad.

Música (Cantan.)   Con las leyes el mundo
                      más perdido está,
                      que antes no había pleitos
                      y agora los hay.

Serafina   Ea, don Pedro, proseguid.

Bermúdez   Digo, hermosa Serafina
                      que es ciencia la Medicina
                      la más útil.

Serafina	¿Cómo?
Bermúdez	Oíd: vos decís, señor Marqués...
Marqués	Hablad.
Bermúdez	Que las leyes son para la conservación de la república.
Marqués	Ansí es.
Bermúdez	Ella es un todo, a quien quiero de sus partes componer; todo no lo puede haber sin que haya partes primero.
Marqués	Decís bien, eso no puedo negar, que es demostración.
Bermúdez	Los hombres las partes son de aquese todo.
Marqués	Concedo.
Bermúdez	Pues si en las leyes se muestra que atiende su autoridad a sola la utilidad de la república nuestra; y si es, como se verá, la Medicina también para los hombres, sin quien

república faltará:
más útil, en cierto modo,
es que otras ciencias y artes,
porque ella es para las partes,
y esotras son para el todo.

Marqués

Las leyes unas verdades
son que debemos guardar,
y así es primero curar
ánimos, que enfermedades.

Bermúdez

Esa ciencia es evidencia
que por secreta virtud
dé ánimo, vida y salud
mas de las leyes la ciencia
muertes solo determina;
véase en castigos tantos
como disponen.

Marqués

                         ¿Y a cuántos
ha muerto la Medicina?

Música

Ciencia es la Medicina
que a nadie daña;
los que usan mal della
son los que matan.

Marqués

Sigo la opinión contraria.

(Dan palmadas.)

Serafina

Dejadlo, señor Marqués.

Fileno

Digo que la magia es

| | la ciencia más necesaria, |
| | más útil y más perfecta. |

Bermúdez   Menos útil que ninguna.

Fileno   Digo que la magia es una
filosofía perfecta,
y es una ciencia evidente,
que si el hombre la alcanzara,
todo cuanto deseara
consiguiera fácilmente;
hacer que esté oscuro el día
que mengüe el mar cuando crece,
ven que a todos nos parece
milagro, pues es magia.

Marqués   La magia está prohibida.

Fileno   La natural no lo está,
la diabólica será
la que lo es, porque no olvida.

Marqués   ¿Ciencia alguna puede haber
que esté secreta? eso no.
¿Quién sabe esa magia?

Fileno   Yo.

Marqués   Eso es lo que yo he de ver.

Fileno   Al mar producir verás
rubias flores.

Marqués   Mucho fuera

	eso si yo lo creyera;
	pero yo quiero ver más.
Fileno	Un río que va corriendo
	he de hacer retroceder.
Marqués	No es lo que quiero yo ver
	eso solo.
Fileno	No os entiendo;
	de un loco sabe mi ciencia
	templar todo el frenesí.
Zambapalo	Haga eso, pues tiene en ti
	en quien hacer la experiencia.
Fileno	Haré que seas solo quien
	premios de amor mereciere:
	dama que te aborreciere
	haré que te quiera bien
	y de ansias y afectos llena,
	que en ti piense noche y día.
Música	Eso es lo que quería
	ver el Marqués de Villena.
Marqués	Muy bien decís, claro está,
	y solo porque eso hiciera
	todo mi Estado le diera;
	ni lo veré, ni él lo hará.
Fileno	En la magia todo cabe,
	que es la más útil pensad.

| Marqués | Donde está la utilidad, |
| | ¿qué es ciencia que no se sabe? |

(Palmadas.)

| Fileno | Contra. |

| Todos | Adelante, adelante. |

| Serafina | ¿Qué es vuestra opinión? |

| Doña Juana | La mía |

es que es la Filosofía
natural más importante;
y que es, afirmo también,
la ciencia más oportuna,
ciencia es sin la que otra alguna
no se puede adquirir bien;
en la experiencia se ven
el ejemplo desto ansí,
médico nunca le vi
sin que filósofo sea,
si lo es con perfección;
y sin la Filosofía,
¿quién sabe la Astrología
por cierta demostración?
Sin ella nadie se alabe
que supo la Medicina,
la Teología divina,
sin ella nadie la sabe.
A esta ciencia está sujeta
la geográfica después,
y vuestra magia, porque es
filosofía secreta;

con ser arte la Poesía
filosofía contiene,
la Matemática tiene
natural filosofía;
luego ella sin diferencia
la más útil viene a ser,
pues no se puede saber
ninguna sin esta ciencia.

Todos   ¡Vítor!

Marqués   Que al reyes viene a ser
en la experiencia diría,
pues sin la Filosofía
pueden las leyes saber,
ciencia que el tiempo inventó,
que dispone y determina.

Doña Juana   Facultad y disciplina
son las leyes, ciencia no.

Bermúdez   Sin Filosofía vi
algún médico curar.

Doña Juana   Será acaso el acertar,
mas no saber.

Serafina   Es así.

Fileno   Que es parte de la magia
la ciencia tuya verás.

Doña Juana   La que sabemos no más
es nuestra filosofía.

Todos	¡Vítor Madrid!
Serafina	Ay amor, ¿quién lleva el premio, decid?
Todos	Prémiese al dotor Madrid, ¡el dotor Eunuco, tor!
Serafina	Por premio esta flor tomad.

(Dale Serafina una flor al doctor Madrid, que es doña Juana, y dásela al Marqués.)

Doña Juana	Aunque a mí me la deis, es quien la merece el Marqués.
Cetina	Sois un grosero.
Zambapalo	Es verdad.
Música	Quien te mira a la cara, ¿de qué se irrita? ¿Qué entienden los capones de groserías?
Doña Juana	Mi desmérito lo erró.
Serafina	Dadme la flor que os han dado.
Marqués	Aunque el asunto haya errado, eso no lo erraré yo; no la daré, porque ha estado en vuestra mano divina.

Doña Juana
(Aparte.)   (Porque fue de Serafina
                     me pesa habérsela dado.)

Serafina (Aparte.)   (El ardor disimulad,
                     celos que en mi pecho crece.)

Bermúdez (Aparte.)   (Mi conjetura parece
                     que va saliendo verdad.)

(Mira al doctor Madrid.)

Serafina (Aparte.)   (Dél he de tomar venganza,
                     a otro he de hacer un favor.)

Marqués (Aparte.)   (¿Para qué es verde la flor,
                     si es flor de ajena esperanza?)

Música   Dejad la academia
                     de ciencias y ingenios,
                     que se ha vuelto palestra de amor
                     y certamen de celos.

Marqués   ¿No proseguís?

Serafina   A esto espero,
                     y para que fin se dé
                     un problema propondré.

Zambapalo   Con licencia, este primero.

Marqués   Zambapalo, dile pues,
                     pero sea alegre.

Zambapalo	Es, Señor,
	si pueden tener amor
	los capones.
Marqués	Bueno es.
Julia	Dada está la solución
	a la duda.
Zambapalo	¿Cómo así,
	Julianilla?
Julia	Como a mí
	dos años me habló un capón;
	¿velo?
Zambapalo	Todo eso es hablar.
Cetina	Que tienen amor se infiere,
	de que mucho más se quiere
	lo imposible de alcanzar;
	que amar saben acredito.
Zambapalo	No concluye esa razón,
	que aunque tienen privación
	ninguno tiene apetito.
Cetina	Apetito tienen.
Zambapalo	Nego.
Cetina	Que el apetito, en rigor,
	es un fuego interior,

	y ellos tienen este fuego.
Zambapalo	Pero no es fuego que pasa
	a encender.
Cetina	Si pasa tal,
	dentro tiene el pedernal
	el fuego, y a nadie abrasa;
	dél salen centellas bellas
	cuando el eslabón la ha herido.
Zambapalo	Y después que haya encendido,
	parará todo en centellas.
Serafina	Dé la razón, licenciado.
Zambapalo	O quedar por necio o ruin,
	el amor atiende al fin
	de conseguir lo deseado.
Cetina	A eso no hay que responder,
	valientemente propones.
Zambapalo	El amor de los capones
	buen fin no puede tener.
Julia	Yo concedo esa menor.
Zambapalo	Pues si no hay fin donde pare,
	luego cuando el fin faltare
	del amor, falta el amor.
Cetina	¿Qué importa si en ellos hay
	un alma con que a amar vienen?

Zambapalo	¿No ves que es la que ellos tienen el alma de Garibay? Y con ella ¿qué se alcanza después de haberla tenido?
Marqués	Eso es decir, que ha habido quien ame sin esperanza; sin ella ha sido mi amor de jerarquía más alta.
Zambapalo	A los capones les falta esperanza y posesión.
Serafina	No tener corazones con que amen, confesaría que no aman.
Zambapalo	Señora mía, ¿qué entiende usted de capones?
Cetina	Yo un capón con hijos vi.
Julia	Y también le he visto yo.
Música	Capón que los tenga, no: capón que los crea, sí.
Marqués	Esta cadena tomad por premio.

(Dale una cadena el Marqués a Zambapalo.)

Zambapalo	¡Santa cadena!

Solo el Marqués de Villena
da cadenas.

Todos   Es verdad.

Bermúdez   Vaya el problema adelante.

Serafina   Este el problema ha de ser:
¿cuál es más tormento, ver
muerta su dama un amante,
o ver, si amado se han,
que ella aborrezca a quien la ama?
¿O que olvide, o ver su dama
en poder de otro galán?

Doña Juana   Otra vez será importante,
volvémosle a proponer.

Serafina   ¿Cuál es más tormento, ver
muerta su dama un amante,
o ver, si amado se han,
que ella aborrezca a quien la ama?
¿O que olvide, o ver su dama
en poder de otro galán?

Bermúdez   Verla muerta, digo yo
que será el mayor tormento.

Marqués   Que es mayor tormento siento,
ver que aborrezca.

Serafina   Yo no;
verla que olvide, se infiere
que será el mayor dolor.

Doña Juana	Verla digo que es mayor, en poder de otro a quien quiere.
Fileno	Que no hay mal ninguno veo que al de los celos sea igual.
Bermúdez	¿Quieren ver que es mayor mal verla muerta?
Serafina	Eso deseo.
Bermúdez	Dama que olvidó, podía acordarse que me ha amado, y la que celos me ha dado puede volver a ser mía; dejándome yo engañar, la que llegué a aborrecer puede volver a querer, volviéndola yo a obligar; pero bien se ve que no volverá a satisfacerme a acordarse ni a quererme la dama que se murió; luego menos siente quien la ve, aunque la ve perdida, aunque aborrece, aunque olvida, y aunque da celos también.
Marqués	Mayor el tormento crece del que se ve aborrecer, que no hay muerte como ver quien ama a quien le aborrece; yo confieso que en muriendo

la dama, pierde a quien ama,
¿no es peor perder la dama,
y que le esté aborreciendo?
La que da celos también
más privilegiada quede,
que estando ofendiendo puede
dar celos y querer bien;
de la que olvida ofendida
ni aun será el tormento igual,
que aquella no quiere mal,
aunque se sabe que olvida;
luego más los desconsuelos
son del que está aborrecido,
pues llora muerte y olvido,
y odio y olvido dan celos.

Serafina   Aunque uno y otro he escuchado
lo contrario he de inferir,
porque más debe sentir
aquel que se ve obligado;
ni una memoria merece
el que padece un olvido,
pero del aborrecido
se acuerda quien le aborrece;
ya no estará tan crüel
quien se acuerda dél sin verle,
aunque para aborrecerle
sea el acordarse dél;
ver sus celos, yo diré
que gran tormento ha causado;
mas pregunto, ¿qué olvidado
los duda aunque no los ve?
Pues para el que tiene incierta
una esperanza creída,

tan muerta está la que olvida
como si estuviera muerta;
luego bien he colegido,
que de celos el tormento,
muerte ni aborrecimiento
se igualan al del olvido.

Zambapalo   Bene dixit.

Doña Juana   Oye, espera;
mayor es el mal de ver
su dama en otro poder,
y arguyo desta manera:
el olvidado, vitoria
puede alcanzar algún día,
del mérito y la porfía
se consigue la vitoria;
el aborrecido siento
que templará su pasión
con ver que él da la razón
para su aborrecimiento;
uno y otro, digo yo,
como el uno y otro ama,
que admitir podrá su dama,
y el que vio sus celos no;
aquel que perdió muriendo
la que amó con viva fe,
ya que no la ve, no ve
dama que le esté ofendiendo;
mas no iguales los desvelos
son del que recela y ama,
pues cada día su dama
ve que le está dando celos;
esta si que es muerte, a quien

ningún mal ha preferido,
pues ahora hay celos, olvido,
como celos que se ven.
Que de los dos, el mayor
mal es el mal que se piensa,
y es la duda de la ofensa
circunstancia del dolor
más eficaz y más fuerte;
pues si agora he colegido
que hay donde hay celos olvido,
aborrecimiento y muerte,
que serán los desconsuelos
mucho mayores se entiende
de un mal que a todos comprende
que de un mal que está sin celos.

Estudiantes	¡Vítor!
Bermúdez	La muerta se entiende, que mayor dolor causó que celos.
Doña Juana	La que murió lastima, pero no ofende.
Marqués	No da celos, pero darlos podrá la que tuvo amor y aborrece.
Doña Juana	No es peor dar celos que imaginarlos.
Serafina	Ni aun la olvidada ha podido dar celos por recompensa.

Doña Juana	Memoria para una ofensa,
	mas que se volviera olvido.
Estudiantes	¡Vítor el dotor Madrid!
Otro	¡Désele el premio!
Fileno	Es razón.
Serafina	Yo también hago opinión;
	este favor recibid,
	don Pedro.

(Dale una rosa a don Pedro Bermúdez.)

Marqués (Aparte.)	(Viven los cielos,
	que hay otro favorecido.)
Serafina (Aparte.)	(Yo que me quejo de olvido
	he de vengarme con celos,
	que es el mal que se imagina
	que es el mayor de los tres
	mas no lo siente.)
Doña Juana	
(Aparte.)	(El Marqués
	mirando está a Serafina.
	¡Oh, como es dolor más fuerte!
	¡Grande mal los celos son!)
Bermúdez (Aparte.)	(Amar la imaginación
	es adorar a la muerte:
	la muerte amo y amo bien.)

64

Marqués	Todos cuatro males siento: olvido, aborrecimiento, celos y muerte también,
Música	Dejad la academia de ciencias y ingenios, que se ha vuelto certamen de amor y palestra de celos.
Serafina	Bien habéis dicho; yo creo que es tarde, y cansada estoy; cese el certamen por hoy.
Cetina	Quibus finitis.
Zambapalo	Laus Deo.
Marqués	La ciencia y la erudición de Madrid es soberana.
Doña Juana	Ah, señor Marqués, mañana leeremos de oposición; vuecelencia me ha de honrar
Marqués	Ir a serviros espero.
Bermúdez	Yo que he de leer primero os quería suplicar, que a un tiempo honréis a los dos.
Marqués	Obligación mía es.
Fileno	Vámonos, señor Marqués,

que tengo que hablar con vos.

(Aparte se lo dice el Mágico.)

Marqués	A vuestra casa a saber lo que ordenáis iré yo.
Fileno	Pues veréis si hay magia o no.
Marqués	Eso es lo que quiero ver.
Fileno	Haréis que en ella os espere mañana.
Bermúdez	Siempre fue usado

(Tras el doctor Madrid.)

que aquel que un premio ha ganado
pueda darte al que quisiere;
y solo en vos estará
bien empleado este día.

(Quiérele don Pedro dar el favor a doña Juana.)

Doña Juana	Darle yo yerro sería, y darle vos lo será, si el ejemplo no tomáis de mi error os culparé.
Serafina	Yo se lo perdonaré, porque vos le recibáis.
Doña Juana	Vos se le disteis, y así

perdonad que le prefiera.

Bermúdez (Aparte.) (¡Ah si este premio me diera
quien no le quiere de mí!)

Cetina ¿Vais a la lición?

Obregón Sí iré.

Cetina Pues adiós.

Obregón Yo iré temprano.

Marqués (Aparte.) (¡Ah si este premio que gano
me le diera cuyo fue!)

Bermúdez (Aparte.) (Mas bien puede ser error
el que crean mis desvelos.)

Serafina (Aparte.) (¡Que quien arguye de celos
sepa tan poco de amor!)

Marqués (Aparte.) (Pero ya un consuelo he hallado
para templar mi dolor,
prenda suya es el favor,
aunque otro me le haya dado.)

Serafina (Aparte.) (Y en parte corrida estoy
que me burlase amor ciego.)

Doña Juana
(Aparte.) (Mas que a la luz de mi fuego
han de conocer quien soy?)

Fileno (Aparte.)   (Pues si ha de ver desta suerte
                    cuanto de la magia sé...)

Julia (Aparte.)   (Si ya no hay Marqués que dé...)

Bermúdez (Aparte.) (Si he de padecer la muerte
                    de una duda...)

Marqués (Aparte.)   (Hermosos cielos,
                    si he de ser aborrecido...)

Bermúdez (Aparte.) (Si he de penar de un olvido...)

Doña Juana (Aparte.) (Si he de morir de unos celos...)

Julia (Aparte.)   (Si a su casa tengo de ir...)

Zambapalo (Aparte.) (Si en ella la he de gozar...)

Serafina (Aparte.)   (Si un desaire he de llorar...)

Doña Juana
(Aparte.)   (Si amor me ha de descubrir...)

Fileno (Aparte.)   (Que otra vez digáis espero...)

Bermúdez (Aparte.) (A un tiempo a todos diré...)

Marqués (Aparte.)   (Otra vez repetiré...)

Serafina (Aparte.)   (He de decir...)

Doña Juana (Aparte.) (Decir quiero...)

Música   Dejad la academia
                  de ciencias y ingenios.
                  Que se ha vuelto certamen de amor
                  y palestra de celos.

                  Fin de la primera jornada

Jornada segunda

(Salen el Marqués y Zambapalo.)

Zambapalo	Esta la cueva ha de ser del Mágico; vuecelencia vea si quiere que llame.
Marqués	Llama, sí es esta la puerta, y di como estoy aquí; él me pidió que viniera a esta hora, en casa estará.
Zambapalo	Señor, he de hablar de veras: yo tengo miedo.
Marqués	¿Por qué?
Zambapalo	Porque deste hombre me cuentan que tiene en una redoma un demonio.
Marqués	¿Que eso creas?
Zambapalo	¿Tú has visto su casa?
Marqués	No.
Zambapalo	Pues yo sé que si la vieras que te temblara la barba, que al más osado le tiembla.
Marqués	¿Has estado dentro?

Zambapalo	Sí.

Marqués	¿Cómo es?

Zambapalo

        Escucha las señas:
es larga como señor
de otros tiempos; es estrecha,
como mercader de ahora,
y escura como conciencia
de letrado, que recibe
cualquiera pleito que venga.
Está en el zaguán la sala
y la alcoba en una pieza,
y aunque no hay cocina, es
todo el cuarto chimenea.
Hay en aquesta espelunca,
alcázar de la Noruega,
un lampión, que desde el lecho
de un cordel de lazo cuelga,
que no alumbra tanto cuanto,
mancha a los que salen y entran;
sola la puerta es un ojo
por donde un rayo aún no entra,
y los que por otro salen,
no salen bien si la cierran;
raras son cuantas alhajas
hay en su cuarto; una mesa
como mula de alquiler
que por puntos se derrienga;
una silla de costillas,
amarilla y aguileña,
y tan fácil, que se abre
con todos cuantos la ruegan;
un colchón que fue de lana,

y ya es de hilas, pues si vieras
la camilla de cordeles,
aunque ninguno le aprieta,
canta a cualquier movimiento,
que es para dar mil denteras.
No tienen polvo sus libros,
pero como es la cueva
tan húmeda, tiene lodo,
ya podrida la madera.
Un reloj tiene de vidrio
que era de hora, cuando era,
y habrá un siglo que no corre
de enfermo de mal de arenas.
Con un queso y con un pan
pasa todo el año.

Marqués   ¿Piensas
que ese retiro y desprecio
de las humanas riquezas,
en quien pudiera adquirirlas,
no es la verdadera ciencia?
Los que huyen de los puestos,
por el gobierno debieran
ser buscados, no elegidos
aquellos que los desean,

Zambapalo   Así anda el mundo al revés.

Marqués   En efeto, yo quisiera
saber qué prodigios hace
Fileno.

Zambapalo   Si a tiempo llegas
a consultarle, verás

Las mujeres y hombres que entran.

Marqués   ¿Y qué suerte de mujeres
                 son las que buscan?

Zambapalo   Estas:
                 la que desea saber,
                 más de ambiciosa que tierna,
                 si ha de volver el galán
                 que la ofreció la pollera,
                 porque ya dejó tomada
                 la medida de la tela.
                 La que perdió a Jazminillo,
                 su perro, y saber desea
                 si ha de hallarle, siendo un perro
                 cosa que hallará en cualquiera.
                 La que le hurtó la criada
                 el manto, y pierde en perderla
                 dos mantos, que ella como él
                 cubrían de una manera.
                 La que...

Marqués   Deja necedades,
                 Zambapalo.

Zambapalo   No quisiera
                 que a esta cueva entrar intentes.

Marqués   Qué importa, si no entro en ella
                 con intento de saber
                 más ciencia, aunque haya otra ciencia
                 que la magia natural.

Zambapalo   Señor, el que entrar te vea,

cosas sobrenaturales
ha de imaginar que intentas.
Advierte, Señor, que cría
enemigos la grandeza;
guárdate de un enemigo,
que no puede, aunque más pueda,
librarse de un testimonio
todo un Marqués de Villena.

Marqués   ¿Qué importará que la nube
a cegar al Sol se atreva,
si él ha de durar entero
y ella ha de morir deshecha?

Zambapalo   Señor, ¿resuélveste a entrar?

Marqués   Sí.

Zambapalo   Pues la puerta está abierta.

Marqués   ¿La abrieron?

Zambapalo   Ella se abrió.

Marqués   Pues entra.

Zambapalo   Requiem æternam.
(Entra.)   Ve delante.

Marqués   ¿Tienes miedo?

Zambapalo   Así tuviera vergüenza.

(Dan la vuelta al tablado.)

Marqués   ¿No me sigues?

Zambapalo   ¿No me hueles,
                           Señor?

Marqués   ¿Qué hay?

Zambapalo   Mira no sea
                           que encuentres con la redoma
                           a tiento, que si la quiebras,
                           se derramará el demonio.

Marqués   Bestia, calla.

Zambapalo   Esa es mi tema,
                           porque soy bestia haces caso
                           de mí.

Marqués   ¿Que por eso creas
                           que te traigo?

Zambapalo   Los señores,
                           siempre se pagan de bestias.

(Salen Fileno y Bermúdez.)

Fileno   Salgamos, señor don Pedro,
                           pues ha entrado en nuestra cueva
                           el Marqués, a recibirle.

Bermúdez   Salgamos.

Fileno   Sea vuecelencia

a esta casa bienvenido.

Zambapalo   Quebrose.

Marqués   Como esta pieza
              está oscura, no sé quien
              habla conmigo.

Zambapalo   ¿A qué esperan?
              Saquen luces.

(Por debajo del tablado sacan un candelero y una vela, y se la ponen en la mano a Zambapalo.)

              Creo en Dios Padre;
              Dios en su gloria me tenga;
              yo muero ya, que me han puesto
              en la mano la candela.

Marqués   Fileno, señor don Pedro
              Bermúdez...

Bermúdez   Y el que se precia
              siempre de vuestro criado.

Fileno   Mil veces enhorabuena
              vengáis, señor don Enrique,
              a honrar esta casa vuestra.

Marqués   ¿Vos aquí, señor don Pedro?

Fileno   Aunque en Salamanca tenga
              tanta opinión, es también
              discípulo desta escuela.

Bermúdez	Vuecelencia ha de sentarse.
Fileno	¡Hola! sillas.
Zambapalo	Sillas vengan; en el aire hace el demonio todo cuanto se le ordena.

(Salen tres taburetes por debajo del tablado.)

¿Qué dices desto?

Marqués	Que son tropelías todas estas.
Fileno	¿No os sentáis?
Marqués	No he de sentarme; solo hablar con vos quisiera una palabra, si da el señor doctor licencia.
Bermúdez	¿Pues vuecelencia no es antes Que todos?
Marqués	Esa fineza y cortesía os estimo; pero hay algunas materias cuyo posible remedio en la dilación se arriesga.
Bermúdez	No es la que vengo a tratar materia que no pudiera

	de vuecelencia fiarse.
Marqués	Pues no importa que la sepa; decidla, y yo lograré que con escucharos pueda esperar que mi cuidado a vuestras voces suceda.

(Desaparecen las sillas.)

Fileno	Sobre ese bufete agora pon la vela.
Zambapalo	¿Ireme fuera?
Bermúdez	No estorbas.
Zambapalo	Yo sé si estorbo.
Marqués	Proseguid.
Bermúdez	Mi pena es esta; yo tengo amor.
Marqués	¡Grande mal!
Bermúdez	Busco alivio.
Marqués	¿Hay quien le tenga, Si no es el que ha conseguido el premio?
Bermúdez	Es tanta mi pena, que amo una duda.

Marqués	Peor; es amor una evidencia.
Fileno	Decid vuestro mal.
Marqués	Hablad.
Bermúdez	Referírosle me pesa, que manifestar la herida duele más que padecerla.
Marqués	Las heridas penetrantes, cuando no se manifiestan no se curan.
Bermúdez	Es así.
Fileno	Pues pasad a vuestra lengua vuestra memoria.
Marqués	Y al labio imagines de la idea; la medicina que duele es la que sana.
Zambapalo	¿A qué esperas?
Bermúdez	Si he de sanar con decirla, poco importará que duela.
Marqués	Pues proseguid.
Zambapalo	¿A qué aguardas?

Bermúdez	Ya empiezo, atended.
Marqués	Empieza.
Bermúdez	Era el julio, ardía el Sol, el mundo ardía,

Bermúdez   Ya empiezo, atended.

Marqués   Empieza.

Bermúdez   Era el julio, ardía el Sol, el mundo ardía,
y incendio era común la luz del día,
y huía dél hacia la espuma blanca
del dilatado Tormes, Salamanca;
algunos de sus hijos diligentes
arrojaban su fuego a las corrientes,
y el que no se bañaba
vivía con el viento que le daba.
Llego, entre otros, al florido suelo,
a quien mordido habla el can del cielo
con un rabioso brío,
y antes que yo, mi sombra se echó al río;
tuve envidia a su maña, y, por vengarme,
empiezo sin aliño a desnudarme;
pero apenas lo intento,
cuando una voz que hermoseaba el viento
(porque era de mujer), en ecos vanos,
con mi misma atención ató mis manos;
quiero seguirla, y no me determino,
por no tener por cierto aquel camino
que enseñaba la voz dulce y extraña,
porque voz de mujer, ¿cuándo no engaña?
Rodeo con la vista el horizonte,
el prado ameno y el rizado monte,
y a seguir empecé la voz que erraba
por donde más alegre el campo estaba;
juzgando, que es de hallarla el mejor modo,
porque donde hay mujer se alegra todo;
y no fue necia, no, mi conjetura,

pues apenas me entré por la espesura,
cuando en el agua mi atención advierte
una mujer... estaba desta suerte:
toda dada al cristal líquido y bello,
hasta el hermoso cuello,
y las ondas que cerca della andaban,
unas con otras dulces peleaban
con inquieta rencilla
por allegar a ser su gargantilla.
Milagro fue no ahogalla
el torrente de puro idolatralla,
que el agua que venía,
por verla de más cerca más corría;
y la que se apartaba lentamente
se negaba al estilo del corriente;
mas las ondas brillantes,
muy preciadas de amantes
viéndola de tal modo acometida,
corrieron a su muerte por su vida;
el rostro estaba fuera
del agua, y la juzgué de la manera
que diligente mano
suele tener en medio del verano,
porque no muera al fuego riguroso,
en ropa de cristal clavel hermoso;
al río dulcemente estaba atada;
mas desde la esmaltada
orilla, algunas flores envidiosas,
presumiendo de bellas y de airosas
la llamaban con rígida aspereza
a competir con ellas en belleza.
Ella entonces, con priesa diligente,
porque era la hermosura muy valiente,
del agua iba dejando los favores

por batallar de linda con las flores;
los cristales lloraban,
y con ellas las ondas se abrazaban
pero fue diligencia sin ventura
que venció el pundonor de su hermosura.
A tierra salió, en fin, hermosa y fiera,
y cuando ver su perfección quisiera
desde la planta al hombro,
lo que miré me lo robó el asombro;
vistiose dentro de su mismo coche,
piérdola de los ojos con la noche,
y cuando examinar quien es quería,
entre otros coches pierdo el que seguía.

Marqués   ¿Y le hallaste luego?

Bermúdez   No.

Marqués   Qué, ¿la hubisteis de perder?

Bermúdez   Infelice fui al volver
de una esquina se perdió.
Pero pienso que es...

Marqués   Decid.

Bermúdez   ¿Quién pensáis que es?

Marqués   No os paréis.

Bermúdez   Si os lo digo os reiréis.

Marqués   Decidlo.

Bermúdez	El dotor Madrid.

Marqués	¿En qué lo pensáis?

Bermúdez

                    A aquel
rostro que adoré rendido
es este tan parecido
que me parece que es él.

Marqués	¿Tenéis otro indicio?

Bermúdez	Sí.

Marqués	Decidle.

Bermúdez

            Cuando os conté
que perdí aquel coche, fue
la calle en que le perdí
La suya.

Marqués

            Sí; mas pudiera
padecer la vista engaños.

Bermúdez

Otro hay, que ha más de tres años
que la vi, nunca la viera,
y aunque con firme deseo
hallarla mi amor procura,
nunca he visto esta hermosura
si no es adonde la veo.

Marqués	Aún no es bastante.

Bermúdez

                    Otro hay más:
ni criada ni criado

84

me aseguran que haya entrado
adonde duerme jamás.
Y este retiro se crea
que no es de hombre.

Marqués   Decid
              si hay otro.

Bermúdez   Que es de Madrid,
              y no se sabe quién sea;
              pero el mayor viene a ser
              que cree mi voluntad.

Marqués   ¿Qué es?

Bermúdez   Que en toda la ciudad
              dicen los más que es mujer.

Marqués   ¿Mujer?

Bermúdez   Sí.

Marqués   Si eso os desvela,
              creed será grande error,
              ¿que es mujer quien es mejor
              estudiante de la escuela?
              ¿Tener puede una mujer
              tal ingenio y tal razón?
              La lición de oposición
              que contra vos leyó ayer,
              ¿Cuándo otra vez se verá?
              ¡Qué bien dispuesta, qué aguda,
              qué grande! y por quien, sin duda,
              la cátedra llevará.

Dejad, don Pedro, por Dios
esa locura, que es rara.

Bermúdez   ¿Pues si una mujer cursara
la escuela, decidme vos,
no llegara a merecer,
si se aplicase a estudiar,
en poco tiempo...?

Marqués   Olvidar
la labor que sabía hacer.

Bermúdez   Las mujeres siempre vi,
que en ingenio nos exceden.

Marqués   ¿Queréis ver en lo que pueden
leernos cátedra?

Bermúdez   Sí.

Marqués   En premiar sin afición,
en saber mentir enojos,
en conocer por los ojos
el ajeno corazón.
Fingir celos, sembrar iras,
afectar seguridades,
y a la luz de las verdades
lisonjear con mentiras.
Saber lograr un desdén,
llorar mucho y no sentir,
dar algo para pedir
y no pedir porque den.
Cautelar con la llaneza
la mucha necesidad,

vender su comodidad
a su amante por fineza.
Elegir los que convengan,
conservar los que desmayan,
en rogar porque se vayan
y en despedir porque vengan;
ningún ingenio se alabe
que las pudiera exceder,
que en esto pueden leer
la cátedra al que más sabe.

Bermúdez   Sea o no, señor Marqués,
amante como rendido,
solo a saber he venido
del señor Fileno, si es
este desvelo apariencia,
porque escarmentado quede.

Marqués   ¿Cómo?

Bermúdez   Por la magia puede
saberlo, puesto que es ciencia
infalible.

Fileno   Y importante;
yo lo examino y lo toco.

Marqués   Hasta ahora os tuve por loco,
pero no por ignorante.

Bermúdez   Caprichos tan peregrinos
como vos no hay quien los tenga.

Marqués   ¿Que un hombre barbado venga

a consultar adivinos?
Ahora digo que hay menguados,
que más no lo pueden ser;
hácenle hoy a un mercader
un hurto de mil ducados;
y muy confiado y contento
a un adivino se va
de que le descubrirá
a que le cueste otros ciento.
Majaderos desta pinta
son otros que a estos exceden,
que imaginan que les pueden
hechizar con una cinta.
Luego una que se hace niña,
y creyendo que está ahojada,
da orden a una criada
que cercene la basquiña
de fulaneja, que ha sido
quien la miró un si es no es,
y la sahuman después
de destruir un vestido.
Luego otras que he visto yo
contar vigas...

Bermúdez   Bueno a fe.

Marqués   Luego otros que creen que
                 vuelan las brujas.

Zambapalo   ¿Pues no?

Marqués   No, ignorante.

Zambapalo	Yo pregunto
	como es que yo soy un lego.
Marqués	Úntanse todas.
Zambapalo	¿Y luego?
Marqués	Provoca a sueño aquel unto,
	que es un opio de un beleño
	que el demonio les ofrece,
	de calidad, que parece
	que es verdad lo que fue sueño;
	pues como el demonio espera
	solamente en engañar,
	luego las hace soñar
	a todas de una manera;
	y así piensan que volando
	están cuando duermen más,
	y aunque no vuelan jamás,
	presumen en despertando
	que cada una en persona
	el becerro ha visitado,
	y que todas han paseado
	los campos de Baraona;
	siendo así que, vive Dios,
	que se han visto por momentos
	durmiendo en sus aposentos
	untadas a más de dos.
Bermúdez	Pues decidme, ¿qué he de hacer?
Marqués	Ir a su casa.
Bermúdez	Allá he de ir,

pero ¿qué diré?

Marqués   Decir
que vos sabéis que es mujer
y que en el río habéis sido
quien por ella perdió el seso.

Bermúdez   ¿Y si después de todo eso
no fuese ella?

Marqués   ¿Qué hay perdido,
don Pedro, en aventuraros
a hablar?

Bermúdez   Bien me aconsejas.

Fileno   Si yo os dijere que vais,
mejor podréis declararos.

Marqués   Fileno, en resolución,
dado que habéis acertado
será acaso.

Fileno   Yo he cobrado
con vos muy mala opinión;
buena la espero tener
muy presto.

Marqués   No sé yo cuándo.

Zambapalo   ¿Y ustedes no andan deseando
saber si es hombre o mujer?
¿Y dejan que cada cual
parecer y voto dé?

	Pues óiganme, y les daré un remedio natural con que puedan convencerla, si da licencia el Marqués.
Bermúdez	Dinos el remedio.
Zambapalo	Es...
Marqués	Habla.
Zambapalo	Desnudarla y verla.
Marqués	Simple.
Bermúdez	Un remedio he pensado que quiero experimentar; mas no lo he de contar hasta haberlo ejecutado. Yo buscaré a vuecelencia guárdeos el cielo, Marqués.
Marqués	Veámonos luego.

(Detiénele Fileno.)

Fileno	Esto es hacer burla de mi ciencia y dejarme desairado, y desde agora os sentencio a que me perdáis.
Bermúdez	Fileno, ya yo voy desengañado,

	y ya de hoy más me prometo no volveros a buscar.
Fileno	Oíd, si queréis aguardar, yo os descubriré el secreto de vuestro amor.
Bermúdez	Quiero amar y no ser desengañado.
Fileno	Agora aún no se ha acabado la cátedra de votar, y agora os quiero decir el que la ha de merecer.
Bermúdez	¿Cómo se puede saber por ciencia lo porvenir?
Marqués	No lo creo.
Fileno	Yo bien puedo hacer que lo creáis los dos.
Bermúdez	Quedad con Dios.
(Vase.)	
Marqués	Id con Dios.
Fileno	Escuchad; corrido quedo. ya que vuecelencia intente quitarme el crédito así, hoy no ha de salir de aquí sin que antes experimente

| | si hay magia, y si esta ciencia |
| | hasta hoy de nadie adquirida... |

Marqués   Eso quiero ver.

Fileno   Pues pida
               imposibles vuecelencia,
               que a imposibles se prefiere
               mi ciencia.

Marqués   Vaya la prueba.

Fileno   Pues sin salir desta cueva
               ha de ver cuanto quisiere.

Zambapalo   El diablo este paso ordena,
               siendo tan a costa mía,
               por saber lo que quería
               ver el Marqués de Villena.
               ¿Tú no tienes miedo?

Marqués   No.

Zambapalo   Pues si algo por mí has de hacer.
               Pídele que quieres ver
               que no tenga miedo yo.

Marqués   Pienso que de noche es.
               Divertirme un rato quiero,
               y así pido lo primero...

Fileno   ¿Qué pedís, señor Marqués?

Marqués   Pido...

Zambapalo	Aquesto es hecho.
Fileno	Hablad.
Marqués	Que dentro de vuestra casa vea yo todo cuanto pasa esta noche en la ciudad.
Zambapalo	Noche será peregrina.
Fileno	Cuanto pasare iréis viendo en Salamanca, en corriendo de ese espejo la cortina.

(Corre la cortina, descúbrese un espejo, que miran por él todo lo que va saliendo a representar.)

Marqués	Ya la cortina corrí.
Zambapalo	El diablo aquí me metió; ¿y hemos de ser vistos?
Fileno	No.
Marqués	¿Oiremos lo que hablan?
Fileno	Sí
Zambapalo	¿Oirame alguno si hablo?
Fileno	No, ni te muevas ni espantes; ya llegan tres estudiantes al mercado.

Zambapalo	Verá el diablo.

(Salen Cetina, Obregón, estudiantes y Carrasco.)

Obregón	Mala noche.
Cetina	¿Pues hay quien la tenga buena sin blanca, aunque sea en Salamanca?
Estudiante	Frío hace.
Carrasco	Y hambre también.
Obregón	¿Vuestro padre no os ha enviado esta Pascua algún dinero? No es posible.
Cetina	El arriero Hoy me ha traído un recado.
Carrasco	¡Oh, santa palabra! Hoy...
Obregón	¿Le envía tu padre?
Cetina	Pues.
Carrasco	¿Y qué es el recado?
Cetina	Es, que le avise cómo estoy. Pero mi madre, con harta pesadumbre me escribió

una letrilla me envió.

Obregón   ¿Letra?

Cetina   Sí, la de la carta.

Carrasco   Buen dinero.

Cetina   A otro correo
diz que habrá consolación.

Zambapalo   Señor, ¿no ves a Obregón
y a Cetina?

Marqués   Ya los veo,

Carrasco   ¡Quién cenara de misterio
que está la barriga enjuta!

Cetina   Yo empeñaré una Instituta,
un Pichardo o Minsingerio.

Carrasco   ¿No es mejor en el mercado,
pues tan a mano los veis,
que corramos cuatro o seis
asadores de adobado?

Cetina   Bien has dicho.

Carrasco   Yo imagino,
que agora cuando venía
vi en la pastelería
un pavo como un pollino.

Cetina	Corrámosle, si eso pasa.
Obregón	Saldrá el pastelero fiero.
Cetina	Yo conozco al pastelero, y es hombre de linda masa. No saldrá.
Carrasco	Yo determino ser el que le ha de correr.
Obregón	Primero hemos menester saber qué se hará de vino.

(Saca Cetina una bota.)

Cetina	Aquí está la bota.
Carrasco	Bella presencia tiene.
Cetina	¿Oyes? Mira.
Carrasco	¿Esto es vino?
Cetina	Sí.
Carrasco	Es mentira, Que yo vi echar agua en ella.
Cetina	No lo niego, pero advierte, que el agua en vino he trocado.
Marqués	El Cetina es extremado.

Carrasco	¿Cómo fue?
Cetina	Fue desta suerte:
	como el cristiano está ardiente,
	esta bota procuré
	y azumbre y media le eché
	de agua en aquella fuente.
	Y a esa taberna primera
	que está en el mercado fui
	cuatro azumbres me eche aquí,
	la dije a la tabernera;
	Y cuando llena tenía
	la bota, dije afligido:
	por Dios, que se me ha caído
	un real de a ocho que traía.
	Rota está la faldriquera,
	cayóseme en el camino;
	—Pues vuélvame usted mi vino,
	repitió la tabernera,
	que con eso se remedia.
	—Daré lo que usted me ha dado,
	dije, que yo había tomado
	de otra parte azumbre y media.
	Ella su vino midió;
	bien que al medirlo gruñía
	y el agua que yo traía
	hecha vino se quedó.
Marqués	Lo que hacen los estudiantes
	me hace risa.
Carrasco	Ea, venid.

98

Zambapalo	Si ello es vino de Madrid tan agua será como antes.
Cetina	Llevó gatazo crüel.
Obregón	La industria digo que alabo.
Carrasco	Ea, señores, al pavo, que tres somos contra él.

(Vase llegando Carrasco hacia la pastelería.)

Cetina	Esta es la pastelería, acaba, llega quedito.
Criada (Dentro.)	La cazuela del cabrito.
Otro (Dentro.)	Uno de a ocho, Estefanía.
Julia (Dentro.)	Mi pavo.
Cetina	El pavo han nombrado.
Pastelero (Dentro.)	Está crudo.
Julia (Dentro.)	Venga ansí.
Zambapalo	Si lo sacan para mí, lo mismo es así que asado.
Cetina	Extremada ocasión pierdes, llega, nadie te conoce.

Criada (Dentro.)   Los veinte y cuatro de a doce
del Colegio de los Verdes,

(Sale Carrasco.)

Carrasco   ¡Ah, señores!

Cetina   ¿Viene el pavo?

Carrasco   No le traigo.

Obregón   ¿Qué lo impide?

Carrasco   Una criada le pide,
mal viene con ella un bravo,
y ha de pasar por aquí
con su espada y su broquel.

Cetina   Pongamos este cordel
de esquina a esquina.

Obregón   Sea ansí.

(Atan un cordel grueso en el tablado, atravesado de esquina a esquina.)

Carrasco   ¡Extremado es el capricho!

Cetina   No he visto industria mejor.

Carrasco   En pescando el graznador,
dar un salto.

Cetina   Bien has dicho.

Carrasco	Yo vuelvo.
Cetina	Pues ea, embiste.
Obregón	¿Salió la cazuela?
Carrasco	Hela; pues manos a la cazuela.

(Sale Carrasco con una cazuela y con un pavo dentro, y salta por encima del cordel.)

Julia (Dentro.)	¡Ah, ladrón!
Carrasco	Laus tibi Christi.

(Sale un Bravo tras Carrasco, y tropieza en el cordel y cae en el suelo.)

Bravo	El pavo te quitaré y el alma.
Carrasco	Sígame el bravo.
Bravo	Pues aguárdame.
Julia (Dentro.)	¡Ay mi pavo!
Bravo	¡Válgame Dios!
Obregón	¿Para qué?
Julia (Dentro.)	¡Ay pavo! ¡ay cazuela mía!

De verlo loca me torno.

(Sale el Pastelero con una pala, y cae en el suelo; danle al Bravo y al Pastelero.)

Pastelero	¿A la vista de mi horno se hace esta superchería?
Cetina	A este quiero cascar, que de riesgo me lo ahorro.
Bravo	¿Que no haya quien dé socorro a un tío de un familiar?
Julia (Dentro.)	¡Favor a un pavo!
Zambapalo	¡Ay qué dolor!

(Salen dos porteros.)

Portero I	La justicia, caballeros; ténganse a un par de porteros del señor Corregidor.

(Cae el Portero I.)

Portero II	¿Qué ha sido?
Julia (Dentro.)	Quedarme en seco, porque el pavo me han corrido.
Obregón	Los porteros han caído.

(Dan a los porteros de cintarazos.)

Cetina   Pues zas.

Obregón   Aquí, que no peco.

Carrasco   ¡Ay que me quemo!

Bravo   ¡Oh ladrones!

Cetina   Tú mientes.

Bravo   Mal he quedado;
                  ahora bien, un hombre honrado
                  ha de huir las ocasiones.

(Vase.)

Pastelero   Yo me vengaré, crueles
                  estudiantes.

Cetina   El menguado
                  no lleva ya el ojaldrado
                  dispuesto para pasteles.

Portero I   ¿Que se haga cara a cara
                  tal resistencia conmigo?
                  Si no se hace un gran castigo
                  tengo de arrimar la vara.

(Vase.)

Zambapalo   Desta vez, hambre, cruel
                  te he de dar un golpe bravo,

Obregón	Que se nos enfría el pavo.
Carrasco	Ea, amigos, pocos y a él.
Cetina	Sí, que el hambre estudiantina a la canina ha excedido.
Julia	Miren que ese pavo ha sido de mi ama Serafina.
Cetina	Pues correr.
Obregón	Huir.
Carrasco	Volar.
Zambapalo	Buenos van los licenciados.
Julia (Dentro.)	¡Señores, que estando asados puedan los pavos volar!
Pastelero	Ninguno malo ni bueno, estudiante ha de quedar; desde mañana he de echar en los de a cuatro, veneno.

(Vanse los estudiantes, el Pastelero y Julia)

Fileno	¿Qué decís?
Marqués	Famosa gente.
Fileno	¿No os habéis entretenido?

Marqués	Mejor rato no he tenido.
Zambapalo	Y el pavo estaba excelente bien me ha sabido en verdad.
Marqués	¿Tú has comido dél? ¿qué dices?
Zambapalo	Sí, Señor, con las narices me he comido la mitad.
Fileno	Que ahora veáis espero cuanto el deseo imagina.
Marqués	Ver quisiera a Serafina, a quien vos sabéis que quiero.
Fileno	¿Posible es, Señor, que quieras ver otra cosa tan presto?
Marqués	¿Zambapalo?
Zambapalo	Señor...
Marqués	Esto parece que va de veras.
Fileno	Verla vos, fácil será.
Marqués	¿Y hablarla?
Fileno	Es dificultoso, que para eso es forzoso que os lleve donde ella está.

Marqués	¿Cómo verla aquí he podido,
	y hablarla aquí no podré?
Fileno	La causa de eso os diré.
Marqués	Tened, que ya os he entendido;
	es, que cuanto están mirando
	vista y imaginación
	solo es representación
	de aquello que está pasando;
	y lo distante y ausente
	por la magia puedo ver,
	mas no puede responder
	quien no estuviere presente
	a lo que pregunto yo;
	que aunque vos podáis veloces
	traerme a mí aquellas voces,
	que hablen a mi intento, no;
	y así cuanto por la ciencia
	de vuestra magia miré,
	como preciso no fue
	que hubiese correspondencia,
	de ambas voces se imagina
	que ver puedo lo aparente;
	pero no estando presente,
	¿cómo hablaré a Serafina?
Fileno	Pues si hablarla no podéis,
	¿la queréis ver?
Marqués	Verla quiero.
Fileno	Pues primero es que veáis...

Marqués	¿A quién, decís?
Fileno	A don Pedro Bermúdez.
Marqués	¿Dónde decís que está?
Fileno	Miradle entrar dentro de la casa del dotor Madrid.
Marqués	Con quien yo le veo hablar es con Carrasquillo, que es un criado del mesmo don Alonso de Madrid.
Fileno	Atended.
Marqués	Ya estoy atento.

(Salen Carrasco y Bermúdez en un tablado que ha de haber en otra parte fabricado.)

Bermúdez	Tomad estos veinte escudos, aunque no os pago con ellos de esconderme en esta casa el gusto que me habéis hecho. ¿Cuál es el cuarto en que duerme don Alonso?
Carrasco	Este primero.

Bermúdez	¿Y a qué hora se recoge?
Carrasco	No puede tardar, supuesto que son las ocho, y ya es hora de estudiar.
Bermúdez	A este aposento me retiro.
Carrasco	¿Qué intentáis dentro dél?
Bermúdez	Eso no puedo deciros.
Carrasco	Lo que os suplico es que me guardéis secreto de haberos aquí escondido.
Bermúdez	Segunda vez lo prometo.
Carrasco	¿No queréis que os cierre?
Bermúdez	No.
Carrasco	Pues adiós.
Bermúdez	Guárdeos el cielo.

(Escóndese Bermúdez, y vase el Criado.)

Marqués	Y a qué se esconde en la casa del dotor Madrid?

Fileno	No puedo
	por la magia penetrar
	del hombre los pensamientos.

Marqués   ¿Conjeturarlos podéis?

Fileno   Mas no siempre los acierto.

Marqués   ¿A qué efeto en esta casa
se ha escondido?

Fileno   Ved primero
a Serafina, y después
otra vez he de volveros,
dejándole aquí escondido,
a que veáis el efeto.

Marqués   Con Juliana sale hablando
Serafina.

Zambapalo   Señor, pienso
que cuando de aquí salgamos,
no hemos de salir los mesmos.

(Salen Serafina y Julia.)

Serafina   ¿No dije que no salieras
de casa?

Julia   Ya se hizo el yerro
pero por verlos correr,
he de crïar el invierno
que viene otros cuatro pavos.

Serafina	Y cuando salgas por ellos tenme otra cena.
Julia	De noche los pavos son indigestos, comidos a estas horas.
Zambapalo	Antes a estas horas son ligeros.
Serafina	¿Pero qué se ha de cenar?
Julia	¿No tienes amor?
Serafina	Sí tengo.
Julia	Pues sírvate de ensalada la esperanza.
Serafina	Bien.
Julia	Supuesto que es verde y tiene su azúcar, y su vinagre si hay celos, y sea el primero plato la constancia, y yo te ofrezco, si le admites, que este plato te sepa muy bien por nuevo. Para postres, desengaños guisados por escarmientos, que en la cena del amor siempre es el plato postrero.
Serafina	Pues dejarme sin cenar

110

y traerme un par de concetos
es cosa para apurarme
el gusto y el sufrimiento.

Julia   Eso sí, cuerpo de tal,
aunque amor tienes, me alegro
que me confieses tu hambre,
y no unas damas que vemos
que de puro enamoradas
dicen cuando están comiendo
«No puedo comer, amigas»;
y dice la amiga luego:
«Cómete este pollo, hermana»;
Y ella dice: «Por ser tierno...»
Ay, cómete este gigote:
y vuelve a decir: «No puedo;
aquel traidor... pero vaya
siquiera porque está bueno».
Dice una criada: «Señora,
cómete este par de huevos,
que están frescos». Y ella dice:
«No hay que hablar, no he de comerlos.
¡Ah infame! ¡ala ingrato! Mas vengan,
siquiera porque están frescos».
Que dice una beata: «Hija,
esta conserva la ha hecho
Soror de la Concepción;
come della»: y dice a esto
«Venga; por ser de esa Santa
la comeré, aunque no puedo».
¡Carantoñeras! comed
y quered bien.

Zambapalo   Me convengo.

Marqués	¿A quién querrá Serafina?
Zambapalo	¿Eso preguntas? ¿no es cierto que a ti te quiere?
Marqués	No soy tan confiado, que lo creo.
Serafina	Llamando están a la puerta, ve a mirar quien es.
Julia	El mesmo don Alonso de Madrid.
Serafina	Dile que no entre.
Julia	Esto es bueno, y está rabiando por verla; Entrad.

(Sale doña Juana, vestida de estudiante.)

Doña Juana	Aunque amor es ciego, como no es torpe mi amor, determinado, aunque atento, una ocasión solicita lograr a costa de un riesgo.
Serafina	Si a estas horas, la confianza de saber que os agradezco vuestro amor os ha traído a mi casa, es grande yerro que vos queráis...

Doña Juana	Serafina, no como otras veces vengo a repetir esperanzas, a sanar de sentimiento si el llanto es la medicina, vengo doliente de celos; son lágrimas interiores, pues las lloro y no las vierto.
Marqués	¡Ah Fileno!
Fileno	¿Qué decís?
Zambapalo	Jesus autem.
Marqués	¿No veis esto? Si es mujer, ¿cómo una dama a otra dama pide celos?
Zambapalo	Será hombre, y la polilla se le habrá comido el pelo.
Doña Juana	Ya os acordáis, Serafina, que idólatra del Sol vuestro merecí que me dijeseis...
Serafina	Y agora os digo de nuevo, que para que anime yo estáis por alma en mi pecho.
Doña Juana	Digo que he sabido...
Serafina	Hablad.

Doña Juana	Que el Marqués...
Zambapalo	Mejor es esto.
Serafina	Mirad señor don Alonso...
Doña Juana (Aparte.)	Mal penetráis mis intentos. (Vengo a ver si le aborrece, solo porque yo le quiero.)
Marqués	Celos de mí le ha pedido.
Serafina	Que porque mi amor confieso no es bien que vuestra confianza eche a perder mi respeto.
Doña Juana	Digo, que amante (¡ay de mí! Présteme el amor aliento por amar como mujer y como hombre pedir celos); por él aquella academia celebrasteis, donde fueron, en el certamen de amor, todo el asunto mis celos; y ansí el favor que me disteis se le di al Marqués, creyendo que ardid de vuestro valor fue asegurarme de un miedo.
Serafina	No me quejo yo, que vos tan gran desaire hayáis hecho como dársele al Marqués, habiéndooosle dado, y necio,

	celos venís a pedirme de que os haya dado el premio.
Doña Juana	Sí, que en ocasiones, hay favores que son desprecios.
Serafina	Si delante del Marqués os hice el favor, ¿fue haceros desaire?
Doña Juana	Desaire fue.
Serafina	¿En qué?
Doña Juana	Respondedme a esto. ¿El Marqués no os quiere?
Serafina	Sí.
Doña Juana	Pues si os quiere, ¿cómo puedo creer que sois tan grosera que a un gran señor hayáis hecho en público los desaires de hacerme el favor primero, si no es que haya merecido otro mayor en secreto?
Serafina	Según eso, vos pensáis...
Doña Juana	Que fue industria y ardid vuestro para asegurarlo más, favorecer a lo menos.
Marqués	¿No podré hablar?

Fileno   No os oirán.

Serafina   Ya estáis cansado y grosero,
                    no obligación, y esa queja;
                    no amor, y tan presto celos;
                    idos.

Doña Juana   Voime.

Serafina   ¿A qué aguardáis?

Doña Juana   Ireme, pero creyendo
                    que le amáis.

Serafina   Y creed también
                    que sois a quien aborrezco.

Doña Juana   ¡Ay si trocarais su amor!

Serafina   ¿En qué?

Doña Juana   En mi aborrecimiento.

Serafina   ¿Porque no le ame queréis
                    que os aborrezca?

Doña Juana   Eso quiero.

Serafina   No os entiendo, don Alonso.

(Vase.)

Doña Juana (Aparte.)	(Yo si que entiendo mis celos, pues los pido como hombre, y como mujer los siento.)
(Vase.)	
Marqués	¿Fuéronse?
Fileno	Sí, ya se han ido.
Zambapalo	Mater Christi.
Marqués	Un volcán tengo dentro del alma, y un áspid abrigo dentro del pecho.
Fileno	Agora, señor Marqués os quejáis cuando estáis viendo...
Marqués	Mis celos y mis agravios, y que es don Alfonso el dueño de Serafina.
Fileno	¿Y es poco ver un desengaño a tiempo? ¿Veis que sois aborrecido, señor Marqués?
Marqués	Ya lo veo
Zambapalo	No es eso lo que quería ver el Marqués?

Marqués	No, era eso.
Fileno	¿Hay precio con que pagar el desengaño?
Marqués	Fileno, el que estima el desengaño no tiene amor verdadero.
Fileno	¿La duda amáis?
Marqués	La duda amo, que con ella, por lo menos, ya que ahora no le alcance, tengo esperanza del premio. Si el desengaño pudiera quitarme o amor, confieso, que para los desengaños no tuviera el alma precio; pero aunque a abrirme los ojos venga por confiado necio, el que el amor no me quita no me deja el escarmiento; celos suelen dar las dudas, pero también da con ellos la estimación de quien se ama razón para no creerlos; y así, culpo el desengaño y la duda seguir quiero, que él mata, aunque, desengañe y ella alivia, aunque dé celos.
Fileno	Y esos celos que tenéis, ¿de quién los tenéis?

118

Marqués
                                Los tengo
            del dotor Madrid.

Fileno
                            Decidme,
            ¿y si yo que os di esos celos
            os los quito?

Marqués
                        Bien podéis,
            no siendo verdad todo esto
            que he visto.

Fileno
                        Todo es verdad.

Marqués
            Pues si es verdad, ¿no podemos
            ver cómo me lo quitáis?

Fileno
            Como os volváis de ese espejo
            a esotra parte...

(Vuélvese el marqués al otro lado.)

Marqués
                                ¿Y en él
            que he de ver?

Fileno
                            Veréis de nuevo
            la casa de don Alonso.

Marqués
            ¿Ya no vi en ella a don Pedro
            Bermúdez?

Fileno
                        Sí, en ella está
            escondido.

Marqués	¿Con qué intento otra vez me le enseñáis?
Fileno	Ahora veréis al intento que os dije que se ha escondido Don Pedro.
Marqués	Verle deseo.
Fileno	Atended.
Marqués	Atento estoy.
Zambapalo	Otro demonio tenemos.

(Donde salieron Carrasco y Bermúdez, salen doña Juana y Obregón, que es otro tablado segundo.)

Doña Juana	¿Obregón?
Obregón	¿Qué es lo que mandas?
Doña Juana	Mira en esos aposentos si hay alguien que nos escuche.
Obregón	¿Quién quieres tú que haya en ellos? Carrasquillo no está en casa; él cerró este cuarto, y luego al ama le dio la llave. ¿Qué traes?¿qué tienes?
Doña Juana	Primero has de cerrar esas puertas por de fuera.

Obregón	Ya las cierro.

(Cierra.)

Bermúdez	(La voz en aquesta sala,
	si no me engañó el deseo,
	de don Alonso he escuchado.

(Va saliendo Bermúdez acechando.)

Desde esta cortina quiero
ver lo que pasa, si puede
ver bien un amor tan ciego.)

Doña Juana	Toma esas llaves ahora,
	y sácame...

Obregón	No te entiendo.

Doña Juana	Un vestido de mujer
	de los que guardados tengo.

Obregón	Di ¿para qué efecto?

Doña Juana	A ti
	nada de mí te reservo.

Obregón	Cualquier secreto me puedes
	fiar, pues sabes que tengo
	con el amor de criado,
	lealtad igual, igual pecho.

Doña Juana	Pues los secretos menores

	te he fiado, y eres dueño
	desde mi primera edad
	solo tú de mis intentos
	quiero fiarte el mayor.
Obregón	¿Puede haber mayor secreto
	que saber que eres mujer?
Doña Juana	Otro mayor.
Obregón	No le creo;
	dile.
Doña Juana	Que siendo mujer
	tengo amor y tengo celos.
Bermúdez	¿Qué es esto, cielos, que escucho?
Zambapalo	Ah, Señor, ¿qué dices deso?
Marqués	Aún no lo creo.
Bermúdez (Aparte.)	(Vencí.)
Marqués	Oye y mira.
Zambapalo	Escucho y veo.
Obregón	Pero pedirme un vestido
	de mujer, ¿para qué efeto
	puede ser? mira lo que haces.
Doña Juana	No te pido ahora consejos.

Obregón	¿Pues qué es lo que pides?
Doña Juana	Solo que hagas lo que yo te ordeno.
Obregón	Aquí tienes un vestido que ayer saqué.

(Sácale un vestido de mujer, y vase desnudando el de hombre.)

Doña Juana	Dame presto ese engaño de los ojos: vengan las galas que fueron desprecio de la hermosura, siendo ellas quien la hacen menos; las ricas y hermosas telas
(Vístese de mujer.)	vengan, que artífice atento las tramó para el adorno, y sirven para el estruendo. Por mi rostro y por mis hombros, sin orden baje el cabello, a cuya docilidad puso la industria preceptos.
Obregón	¿Y en qué piensas?
Doña Juana	Dame un manto.
Obregón	¿Y qué intentas?
Doña Juana	Hablar quiero.
Obregón	Responde.

Doña Juana	Que Serafina
	padezca el mal que padezco.
	Con celos me he de curar,
	pues me han herido con celos;
	yo quiero a un hombre a quien ella
	favorece, y así intento
	en casa de Serafina
	ir a decir que le quiero,
	y darla celos también
	disfrazada.
Zambapalo	¿Estás contento?
	Celos de ti la pedía
	pero eran por ella.
Marqués	Necio,
	calla.
Bermúdez (Aparte.)	(¿Si porque me dio
	en la academia aquel premio
	Serafina está celosa?
	Tan ciego estoy, que lo creo.)
Obregón	Pues aquí dentro te puedes
	poner el manto.
Bermúdez	Ahora es tiempo.

(Van a entrar, y topan de cara a Bermúdez.)

Doña Juana	¡Válgame el cielo! ¿Qué miro?
	¿Cómo aquí? ¿Cómo vos dentro?
	¿Cuándo en mi casa a estas horas?

Bermúdez	Sosegaos.
Zambapalo	Viven los cielos, que esto es lo que quería ver el Marqués.
Marqués	Aún no es esto.
Bermúdez	No tengáis miedo, Señora, porque siendo yo el que os veo y el que os adora, yo soy el que ha de tener el miedo.
Doña Juana	¿Cómo entrasteis aquí?
Bermúdez	Amor me ha dado el atrevimiento.
Doña Juana	¿Quién fue el cómplice...
Bermúdez	Una duda.
Doña Juana	de esconderos?
Bermúdez	Un deseo de saber si érades vos la que al Tormes lisonjero lazos fió equivocado cristal con cristal más bello.
Doña Juana	¿Luego vos...
Bermúdez	Yo fui el que os vio.

Doña Juana	¿Y por eso fue...
Bermúdez	Por eso os amaban sin amaros confusos mis pensamientos.
Doña Juana	Pues ¿qué intentáis?
Bermúdez	Que pues fui tan feliz, que a ocasión llego de saber que no sois quien pensé que erais...
Zambapalo	Ahora temo una relación.
Bermúdez	Digáis quien sois.
Doña Juana	Pues negar no puedo lo que soy, quiero empeñaros por amante y caballero.
Bermúdez	Decidme, ¿en qué?
Doña Juana	En confiar de vos...
Zambapalo	¿Qué será?
Doña Juana	Un secreto. ¿Daisme palabra?
Bermúdez	A esos ojos

la doy, pues que son mis cielos,
de que a vuestro labio, nunca
fíe esa verdad mi pecho.

Doña Juana   Pues oíd: ya amor escucha,
                    que oye mejor, como es ciego.

Zambapalo   ¡Gran noche! Señor, ¿qué dices?

Marqués   Prodigios son cuantos veo.

Fileno   ¿Creéis que hay magia, Marqués

Marqués   Luego hablaremos secreto.

Doña Juana   Doña Juana de Madrid
                    es mi nombre; diome el cielo
                    nobles padres, mas no ricos;
                    esto a mis padres les debo,
                    la pobreza me dejaron,
                    la senda donde pudieron
                    coronarme de virtudes
                    las edades y los tiempos;
                    que si la riqueza tiene
                    tan cercano parentesco
                    con la ignorancia, que es madre
                    de los vicios, y si vemos
                    que de la sabiduría
                    es la pobreza un efecto,
                    que temporal la ignorancia
                    aspira al laurel y al cetro.
                    Que hace la sabiduría.
                    De las coronas desprecio;
                    no la ignorancia y riqueza

es la que logran deseos;
pobreza y sabiduría
es de lo que yo hago precio,
pues se muere deseando
y se vive mereciendo.
Tendría yo doce años,
cuando mis padres quisieron
darme estado y darme esposo;
mas como nunca a mi pecho
llegó una flecha de cuantas
vibraba el amor atento,
que acertar a un corazón.
No es empresa para un ciego,
y como mi inclinación
desde mis años primeros
fue a lograr la disciplina
de los libros, no de aquellos
que inventa la ociosidad
ni otros que margena el cielo,
que los que enseñan no son
los muchos, sino los buenos.
Dueña yo de mi albedrío,
rehúso el lazo, creyendo
que me le den como alivio
y me ofenda como peso;
pero viendo el padre mío
mi inclinación, y midiendo
cuánta es la distancia que hay
de su atención a mi ruego,
un maestro me previene
que atienda a enseñarme luego
la gramática, que es lengua
de ciencias y artes; a oír tiempo
la Retórica y las cuatro

liberales, donde leo
por la Astronomía cuanto
el dedo de Dios inmenso
fue escribiendo con estrellas
en todo ese octavo cielo.
Ni cuando en Madrid, mi patria,
guiada de mis deseos,
no conocida de nadie,
sin ser envidia, fui ejemplo;
mi anciano padre faltó
de morir con tal deseo,
que en la memoria y la fama
dejó otra vida muriendo.
Quedé, sola y quedé pobre;
si dije pobre, basta esto,
que con decir lo segundo
se entendía lo primero;
y un día, entre otros que estaban
la soledad y el deseo
representándole especies
ciegas a mi pensamiento,
llena la imaginativa
de entes de razón diversos,
que obrando como fingidos,
los vi como verdaderos.
Yo misma me dije a mí:
¿de los hombres el ingenio,
el espíritu, el valor,
acaso es mayor que el nuestro?
A los hombres, ¿quién les dio
este común privilegio
en las lides y en las ciencias
de ser árbitros a un tiempo?
Si a nuestra flaqueza achacan

debilidades, no quiero
que funden su tiranía
en el desmérito ajeno:
si como ellos las mujeres
asistieran al manejo
del arcabuz y la pica
que el uso adiestra el esfuerzo;
si se criaran robustas,
no extrañando y resistiendo
del estío la inconstancia,
la variedad del invierno;
reconocieran los hombres
en batallas y reencuentros,
cómo era más su valor,
no siendo su fuerza menos.
Pero demos que en las lides
débiles sean, y demos
que digan que la experiencia
hace lo que el uso ha hecho;
pregunto, ¿es débil también
como el ánimo el ingenio
de las mujeres? el alma
que se ha ordenado y compuesto
de voluntad, de memoria,
y en el noble entendimiento
de aprensión, juicio, discurso,
por ser de mujer, ver quiero
destas tres operaciones
cuál es la que tiene menos;
pues a nosotras, ¿por qué
nos impiden que cursemos
lid y escuela, si en nosotras
hay igual valor y ingenio?
Y esto es, que como los hombres

son unos tiranos nuestros,
que de nuestra libertad
se alzan con todo el imperio,
mañosamente procuran,
viendo que hemos de excederlos,
para lucir sus errores,
deslucir nuestros aciertos.
Pues si esto es así, decía,
quitarme este traje quiero,
y en Salamanca, pues no hay
quien me conozca, ser pienso
envidia y admiración
de antiguos y de modernos;
y disponiendo también
este criado a este efecto,
que en el traje y el valor
fue imitación de su dueño;
trayendo alguna joyuela
que yo cautelé a este intento,
y el doméstico homenaje
feriado al primero precio,
salgo de Madrid, mi patria,
llego a Salamanca, empiezo
a cursar sus doctas clases,
y en ellas experimento
que es verdad que en las mujeres
hay valor y ingenio, puesto
que igualmente necesarios
en esta ocasión me fueron
ingenio para seguirlo
y ánimo para emprenderlo;
seis años habrá que estoy
en Salamanca, y, en ellos
he sido todo el aplauso

de la escuela en los primeros
años, sustentando actos,
en otros sustituyendo
cátedras, hasta alcanzar
de doctor el grado, siendo
generoso el de Villena,
quien me ayudó para serlo;
y cuando con vos (agora
si que quisiera deberos,
que entendiera por los ojos
el idioma del silencio)
cuando con vos competía
en esta cátedra ¡cielos!
Si los suspiros alivian
¿cómo suspiro y no aliento?
Digo, que cuando pensaba
que había burlado el sexo
mujeril, logrando el traje
equivocado a mi fuego;
mis lágrimas y mis voces
errando la senda al pecho,
pues hablo lágrimas puras
y lloro palabras luego;
digo, que como habla tanto
que era hombre, estuve creyendo
que no había sido mujer,
y acordómelo amor necio.
Y yo dije: mujer soy,
porque voz y traje miento,
que no pudiera haber hombre
que amara como yo quiero.
Y ansí...

Bermúdez   ¿Y por qué os vestisteis

132

de mujer?

Doña Juana
Es porque tengo
celos, y es este su traje.

Bermúdez
¿Y este no?

Doña Juana
No es este el mesmo,
porque ese es el de fingirlos.

Bermúdez
Y este el traje de tenerlos.
¿Y a quién amáis?

Zambapalo
Esta es otra.

Doña Juana (Aparte.)
(Si no se lo digo, temo
que ha de revelar quien soy,
y si lo digo me arriesgo,
viendo que no es él querido
a que descubra el secreto.
¿Qué haré?)

Marqués
Veamos a quien dice.

Doña Juana (Aparte.)
(Desta industria me aprovecho;
quiero empezar a fingir,
pues a ser mujer empiezo.)
Pues digo que el tiempo...

Bermúdez
Hablad.

Doña Juana
Os dirá, señor don Pedro,
a quien quiero.

Bermúdez   ¿Luego yo
                        puedo ser feliz?

Doña Juana   No puedo
                        deciros más.

Bermúdez   ¿Pues porqué?

Doña Juana   Hasta que sepa de cierto
                        si queréis (¿qué le diré?)
                        a una dama.

Bermúdez   Oíd primero;
                        si pensáis que a Serafina
                        quiero, mátenme los cielos
                        si no la aborrezco.

Doña Juana (Aparte.)   (Agora
                        me he de valer de lo mesmo
                        que él dice.) ¿Y en la academia,
                        siendo yo quien lo merezco,
                        no os dio un favor?

Bermúdez   Es ansí;
                        bien dije yo que era el premio;
                        mas fue premio y no favor.

Doña Juana   Pues yo he de saber primero
                        si la amáis.

Bermúdez   Pero decidme,
                        después de satisfaceros,
                        ¿puede tener esperanza
                        mi amor?

Doña Juana	El premio os ofrezco
(Aparte.)	(Y así el secreto aseguro),
	si vos me guardáis secreto.
(Aparte.)	(Desta suerte he de engañarle.)
Fileno	¿Qué decís?
Zambapalo	¡Hay más enredos!
Fileno	¿Y agora, señor Marqués,
	tenéis celos?
Marqués	Celos tengo,
	que unos celos me quitasteis,
	y me habéis dado otros celos.
Fileno	¿De quién?
Marqués	De don Pedro son.
Fileno	¿Por qué son?
Marqués	Porque estoy viendo
	que para sitiar dos damas
	tiene tomados los puestos.
Bermúdez	Pues yo os vendré a ver.

(Díceselo a doña Juana.)

Doña Juana (Aparte.) (¡Por dónde
pudo esconderse aquí dentro!
¡Que me aborrezca quien amo,

y me ame a quien aborrezco!)

Marqués (Aparte.)   (De cuanto esta noche he visto
a solos mis celos creo.)

Bermúdez   Valiole a mi amor su industria.

Doña Juana (Aparte.) (Burlome amor.)

Fileno (Aparte.)   (Llegó el tiempo
de que mi ciencia acredite.)

Doña Juana   Vengareme si esto es cierto.

Marqués   ¡Qué se ha burlado el amor
de quien burló mis deseos!

Doña Juana   ¡Oh si yo hubiera estudiado
solo aborrecer!

Bermúdez   No quiero
saber más ciencia que amor.

Marqués   Desta ciencia experimento,
que cuando me enseñan más,
es solo cuando sé menos.

Fileno   ¿No creéis que hay magia?

Marqués   Aún no.

Zambapalo   Y dime, Señor, ¿es esto
lo que quieres ver?

Marqués	Tampoco.
Bermúdez	¡Gran dicha!
Doña Juana	¡Grande tormento!
Fileno	Pues desaparezca todo desta suerte.
Zambapalo	Volaverunt.

(Da un golpe con el báculo Fileno, y vuelan a la par los dos tablados con todas las personas.)

Fin de la segunda jornada

Jornada tercera

(Salen Cetina y Julia.)

Cetina   ¿Qué me dices?

Julia   Esto pasa.

Cetina   ¡Jesús!

Julia   ¿Qué te maravilla?

Cetina   ¿Tú en mi casa, Julianilla,
                  y a estas horas?

Julia   Yo en tu casa;
                  despidiome la menguada
                  de mi ama: es rara figura.

Cetina   En tanto que el curso dura
                  no te ha de faltar posada;
                  dame, Juliana, un abrazo.

(Abrazala.)

Julia   ¿No hay luz? ¡Oh qué escuro está!
                  ¿Si hay para aceite?

Cetina   Si habrá;
                  saquen aquí un...

(Sale Carrasco con un candil.)

Carrasco   Candilazo.

Julia	Candil, alhaja civil, de luz te pido que mudes.
Cetina	¿No sabes tú las virtudes del aceite de candil?
Julia	Carrasco, ¿tú estás aquí?
Carrasco	Julia, ¿aquí te has venido?
Julia	Mi ama me ha despedido.
Carrasco	Y el dotor Madrid a mí. Mas a ti, Julia, ¿por qué echarte de casa ordena?
Julia	Porque escondí al de Villena dentro de su casa fue.
Cetina	El esconderse podía sin llegarte a ti a ocupar, pues se puede aprovechar para eso de la magia, en que dicen, que tan diestro en tan poco tiempo está, que dicen que sabe ya mucho más que su maestro.
Julia	Pues yo del gran sentimiento para no echarme a perder, me he venido a recoger esta noche a este convento, donde me dicen que hay tantos

siervos de Dios.

Cetina
             Si seremos:
Juliana, aquí pasaremos
la vida como unos santos.
Di, ¿Serafina no ama
al dotor Capón?

Julia
             Ya no;
celos le dio y no volvió
más a visitar mi ama.

Cetina
Raras son cuantas alhajas
hay aquí en aquel rincón,
hay cama con su jergón.

Julia
¿Pues duérmome yo en las pajas?

Cetina
Es verdad.

Julia
          Seo Licenciado,
¿Me quiere?

Cetina
           Quiérote bien,
o lléveme el diablo.

Carrasco
             Amén.

Julia
Pues alce el dedo.

(Alza el dedo.)

Cetina
             Quemado.
¿Zambapalillo?

(Sale Zambapalo.)

Zambapalo   No es nada.

Cetina   ¿Aquí también posas?

Zambapalo   Sí.

Cetina   ¿Qué traes?

Zambapalo   Lo que traigo aquí
es para visto.

Julia   Pedrada.

Zambapalo   ¿Pero no sabrán primero
qué les traigo?

Julia   Dilo, pues.

Zambapalo   Carta de tu padre es,
que ahora me dio el arriero.

Cetina   ¿Qué me dices?

Zambapalo   Vesla aquí.

Carrasco   Léela.

Cetina   Esa luz llegad.

Julia   No me darás la mitad
de lo que te enviaren?

142

Cetina	Sí.
(Lee.)	«Hijo de mi alma» ¡Qué extremos de padre, y qué grande amor!
Julia	¿Eres su hijo?
Cetina	Y el mayor. ¡Oh, padres, lo que os debemos!
(Lee.)	«Yo quisiera...»
Julia	Lee, pues.
Cetina	Estoy de contento loco, todo le parece poco cuanto me envía.
Zambapalo	Y lo es.
(Lee.)	«Ahora que en honra te he puesto, enviarte el mundo...»
Julia	¡Y qué honrado!
(Lee.)	«Pero el mundo está acabado.» No hay viejo que no dé en esto.
(Lee.)	«Mas no por esto imagino que puedo desconfiar. La viña del olivar se heló toda.»

Zambapalo	No habrá vino.
Cetina	De escucharte me provoco a rabia.
Zambapalo	¿Pues qué hablé yo?
Cetina (Lee.)	«La aceituna se apedreó.»
Zambapalo	Pues no habrá aceite tampoco.
Cetina (Lee.)	«Más no por eso...» Bien digo que eres tonto.
Zambapalo	Lo confieso; prosigue.
Cetina (Lee.)	«Mas no por eso ha habido cebada y trigo.»
Julia	Cetina, ¿qué más aguarda?
Cetina	Esto estaba yo esperando.
Zambapalo	Señor, leyendo y quemando, arda la epístola.
Cetina	Arda.

(Pónenla al fuego la carta, y van leyendo.)

Zambapalo	Agora de ti me río.
Cetina	«Mas con todo...»

Zambapalo	Algo tenemos.
Cetina	«Ahí te envío...»

(Soplan la carta y matan el fuego del papel.)

Julia	Soplemos, y no arda, esa te envío.
Cetina	Sí, y trátese con decoro palabra tan ejemplar; tal palabra había de estar escrita con letras de oro.
Julia	Ahora batirá plus.
Cetina	Habrá cobre para contentar a ruines.
(Lee.)	«Te envío dos celemines de bellotas, que estoy pobre.»
Zambapalo	¡Bellotas! ¿esto tenemos?
Julia	Dél no te puedes quejar, porque te quiere engordar.
Zambapalo	«¡Oh, padres, lo que os debemos!»
Julia	Razón de no enviar el cobre da en la carta.
Cetina	No la da.

Zambapalo	¿Si dice que pobre está?
Cetina	No engendrar quien fuere pobre;
	¡oh viejecillo fiambre,
	setentón, padre postizo,
	holgarse cuando me hizo,
	y matarme agora de hambre!
	Vaya la Paulina, pues;
	el candil apropinquad.
Julia	Oye, acoto la mitad
	de la bellota.
Cetina	Tuya es.
Todos (Cantan.)	Al padre crüel y fiero
	que al hijo que está estudiando
	no envía de cuando en cuando
	el plus con el arriero,
	para que volver no pueda
	en sí de error semejante,
	la mano del estudiante,
	caiga sobre su moneda.
Todos	Amén.

(Todo esto lo van cantando en tono de Paulina.)

Cetina	A cuantos Nerones
	padres, guardan su dinero,
	con masilla de barbero
	les unten los corazones.

Todos	Amén.
Cetina	Padre que no envía la porción cotidiana, padezca cada semana nuestra hambre de cada día.
Todos	Amén.
Cetina	Callos tenga luego en lugar de sabañones, y así como estas razones están ardiendo a este fuego...
(Queman el papel.)	Por divina permisión quiera el que todo lo cría, que el dinero que no envía se le convierta en carbón.
Todos	Amén.
Cetina	Lindamente me burló, en vengarme estoy pensando.
(Llaman a la puerta.)	A esa puerta están llamando.
Carrasco	¿Abriré la puerta?
Cetina	No.
Zambapalo	¿Si envía a llamarme el Marqués?
Julia	¿Si envía a buscarme mi ama?
Juez (Dentro.)	¿No abren la puerta?

Cetina	¿Quién llama?
Juez (Dentro.)	El Juez del Estudio es.
Cetina	Ay; que si te topa aquí...
Carrasco	Todos a la treta iremos. ¿Adónde la esconderemos que no la tope?
Julia	¡Ay de mí!
Cetina	Oigan, qué torpes estamos.

(Llaman.)

Juez (Dentro.)	¿No abren aquí?
Cetina	Si se espera; saca ese bufete fuera.
(Saca un bufete.)	Y debajo la escondamos.
Carrasco	Aquí acomodarle suelo.
Cetina	Debajo te has de meter.

(Llaman.)

Juez (Dentro.)	Si no abren he de hacer echar la puerta en el suelo.

(Meten a Julia debajo del bufete.)

Julia	Aquí veranme también.

148

Juez (Dentro.)	A un carpintero me llama.
Cetina	Una manta de mi cama pon por sobremesa.
Carrasco	Bien: ¡linda industria, esta me agrada!

(Sacan una manta colorada, grande, y pónenla sobre el bufete de manera que la cubra.)

Cetina	Yo he echado por el atajo; ea, escóndete debajo.
Julia	Adiós con la colorada.
Cetina	Ahora todos estudiad recio, que es muy importante:

(Paséanse estudiando.)

	«Justicia, es una constante y perpetua voluntad»...
Carrasco	¿Vustedes piensan que es bobo el Juez del estudio?
Cetina	Pues...
Carrasco	Digo, que constante es la justicia.
Cetina	Nego.

Carrasco	Probo.
Cetina	No es constante, pues se vio que la mundana malicia...

(Llaman.)

Juez (Dentro.) Abran aquí a la Justicia:
verán si es constante o no.

Julia	Ahora abre.
Cetina	De buena gana. ¿Quién es?
Juez (Dentro.)	¿No lo ha oído antes?
Portero I (Dentro.)	El señor Juez de estudiantes.
Cetina	Hablara para mañana Señor.

(Abren, sale el Juez, dos porteros y Fileno.)

Juez	Por lo que han tardado, los tengo de castigar.
Cetina	En empezando a estudiar un hombre, está embelesado.
Juez	¡Estudiar! bien por mi vida.
Cetina	Fileno, ¿a qué viene acá?

150

Juez	¿Dónde una mujer está que tienen aquí escondida?
Cetina	Demonios de ciento en ciento la lleven si ha entrado aquí, señor Juez.
Julia	Llévente a ti.
Juez	Buscadla en ese aposento.
Cetina	¿Y Fileno, para qué viene con vos a rondar?
Fileno	A vos os vine a buscar y al señor Juez encontré. Que tengo que hablar con vos.

(Búscanla los porteros.)

Cetina	A vuestra orden me tenéis.
Juez	Ea, ¿no la buscáis? ¿qué hacéis?
Portero I	No parece.
Juez	Bien por Dios. Yo la oí hablar, y es gentil modo de andarla a buscar.
Portero II	¿Aquí, dónde puede estar?
Julia	Que te quemas, alguacil.

Juez	Una mujer no era cosa que escondérseme podía.
Fileno	En otra casa sería, que esta es gente virtuosa.
Portero I	No hay cortina que la tape; cueva ni desván se ve.
Portero II	sino es que debajo esté de aqueste bufete.
Julia	¡Zape!
Fileno	¿Aquí puede estar?
Cetina	No arguyas sobre eso. Lléguelo a ver.
Juez	Que quitéis es menester el bufete.

Cetina (Aparte al oído a Fileno.)

                    Haz de las tuyas
      Fileno.

Carrasco	Más que corrida quedará.
Cetina	No la quitéis. ¡Ah señor Juez!
Juez	¿Qué queréis?

152

Cetina	Confieso que está escondida...
Juez	Decid.
Cetina	Esa desdichada... Ahí debajo.
Juez	¿Qué he de hacer?
Cetina	Pero es principal mujer, sobre ser mujer casada; faltas son de un hombre mozo, si podéis excusar bella...
Juez	Eso es bueno; vos y ella habéis de ir a un calabozo. De donde la han escondido la sacad.
Portero I	Eso es peor; aquí no hay nadie, Señor.

(Quita un Portero la mesa y la manta y no hallan nada debajo.)

Fileno (Aparte.)	(Yo la he desaparecido.)
Juez	Esa sobremesa alzad.
Cetina	¡Ay! ¿qué es eso?
Carrasco	Esta fue brava.
Juez	¿Pues no dijisteis que estaba

aquí debajo?

Cetina	Es verdad.
Juez	¿Qué es della?
Cetina	Yo mentiría.
Juez	¿A mí engañarme y mentir?
Cetina	Yo por no contradecir a vuesarced lo decía.
Juez	Sois un gran desvergonzado.
Cetina (Aparte.)	Vuesamerced, sabe honrar. (¿Por dónde pudo escapar Julia?)
Carrasco (Aparte.)	(El Juez la ha mamado...)
Cetina	Yo estudiaba.
Carrasco	Yo también.
Juez	Fileno, quedad con Dios.
Fileno	Guárdeos el cielo.
Juez	Por vos no le castigo.
Cetina	Hace bien.

Fileno	Toda es virtuosa gente.
Juez	Ea, noramala, estudiar.
Cetina	Para usted siempre ha de estar esta posada obediente.

(Vanse el Juez y los porteros.)

¿Fuese?

Carrasco	Sí.
Cetina	Pues cierra ya.

(Cierra.)

Carrasco	Cierro.
Cetina	Zambapalo, di, ¿a Julia no escondí? ¿Pues cómo, dime, no está donde la escondí?
Carrasco	¡Qué fuera que ahora no la hallemos!
Cetina	¿No?
Fileno	Nada os espante, que yo quise que el Juez no la viera, y la desaparecí Y agora parecerá. Ahí está.

Cetina	¿Debajo está de la sobremesa?
Fileno	Sí.
Cetina	Según he visto, y según obráis, me burláis también; no está aquí.
Fileno	Miradlo bien. ¿Ha Julianilla?
Julia	Ego sum.
Cetina	Exi foras.
Julia	El tontazo del Juez, ¿cómo no me halló?
Cetina	Porque fue quien te encubrió Fileno.
Julia (Abraza a Fileno.)	Dadme un abrazo, redentor mío.
Cetina	¿Y a qué en mi casa me buscáis?
Fileno	A pediros que vengáis a mi posada.
Cetina	Sí haré.

Fileno	Por la mañana.
Cetina	Está bien.
Fileno	Pues a las nueve os espero.
Cetina	A veros iré el primero.
Fileno	Vos Zambapalo, también habéis de ir.
Cetina	De buena gana.
Zambapalo	Pues los dos ¿qué hemos de hacer en vuestra cueva?
Fileno	Ha de ser grande día el de mañana.
Cetina	Que me digáis solo pido ¿yo a qué he de ir?
Fileno	Tú lo verás; mis discípulos no más son a los que yo convido.
Cetina	Mucho confieso que os debo.
Zambapalo	No hay más hombres que los dos.
Cetina	Pues, Fileno, adiós.
Zambapalo	Adiós.

Cetina	Vamos.
Zambapalo	A mucho me atrevo.
Cetina	Famosamente se ordena.
Fileno	Sí, pero en llegando el día veréis.
Cetina	¿Qué?
Fileno	Lo que quería ver el Marqués de Villena.

(Salen Serafina y Criada, y doña Juana y Obregón, por dos partes diferentes; doña Juana vestida de estudiante.)

Doña Juana	¿Si estará el Marqués en casa?
Serafina	¿Si habrá venido el Marqués?
Obregón	En casa dicen que está.
Criada	Espérate y lo sabré.
Doña Juana	Yo lo quiero preguntar.
Serafina	Ha, caballero, ¿sabéis si está su excelencia en casa?
Doña Juana	En casa está.
Serafina	Tápate.

Criada	¿Don Alonso?
Serafina	Yo lo hago. ¿Que aquí me hallase después que ha tanto que no me ha visto? ¡Hay tal azar!
Doña Juana	No os tapéis, bellísima Serafina, porque os viese, que no es bien amenazar con el día y dejar de amanecer. ¿Vos os escondéis de mí, Serafina?
Serafina	No hay por qué de vos pueda recatarme.
(Aparte.)	(Ahora, amor, he menester disimular y fingir.)
Doña Juana	Vistiéndose está el Marqués, yo avisaré como vos...
Serafina	Aguardad, no le aviséis, que en esta segunda pieza, mientras se viste, podré esperar. ¿Vos cómo estáis don Alonso?
Doña Juana	Desde que no os veo, con menos gusto; mas también confesaré que más sosegado estoy desde que os dejo de ver.

(Aparte.)	(¿A qué vendrá Serafina?)
Serafina (Aparte.)	(¿Que no me pregunte a qué busco al Marqués? Ya no me ama.) ¿Qué, tanto ha que no me veis?
Doña Juana	Seis siglos me han parecido seis meses.
Serafina	Esa es falsedad.
Doña Juana	Verdad del alma es sola.
Serafina	Lo que yo sé, es que hoy, como el primer día, me adoráis.
Doña Juana	¿En qué lo veis?
Serafina	El que sabe de memoria cuanto ha que deja de ver su dama, aunque la dejase no la deja de querer.
Doña Juana	¿Os acordáis de la tarde de aquella academia?
Serafina	¡Pues qué fina estaba yo entonces con vos!
Doña Juana	No sé para qué

gastáis esas falsedades
conmigo. ¿Os acordáis
de una noche que os pedí
celos?

Serafina   ¡Ay! ¿qué noche fue?

Doña Juana   Una en que yo entré diciendo:
falsa, traidora, crüel,
áspid engañosa, y otras
locuras deste jaez,
que aunque eran para sentir,
eran para entretener;
y después de haberlas dicho
no volví más, y os dejé,
quedando...

Serafina   ¿Fue, don Alfonso!

Doña Juana   Fue una noche que...

Serafina   Tened;
no fue la que me dejasteis,
fue la noche que os envié;
ya me acuerdo de esa noche,
gracioso tiempo era aquel.
¿Os acordaréis de un día
que me decíais: «Mi bien
ojos de mis ojos bellos,
ya que alumbráis, no ceguéis;
y pues os dejáis amar,
ojos míos, dejaos ver»?

Doña Juana   Sí, y a las mejillas vuestras

dije mil cosas también
coloradas, y a los dientes,
si no me engaño, ensarté
dos mil requiebros de perlas;
pues al hoyo que tenéis
hermosísimo en la barba
dije bellezas también.
Uno fue entre otros requiebros,
no sé si me acordaré,
ah, sí, que era panteón
de plata con urnas cien,
donde estaban sepultadas
las almas que muerto habéis.

Serafina   ¿Eso me dijisteis?

Doña Juana   Sí,
gracioso tiempo era aquel.

Serafina   ¿Y a qué venís a buscar
al Marqués?

Doña Juana   A agradecer
la cátedra, que ya es mía,
pues ha podido el Marqués
hacer que toda la escuela
votase por mí.

Serafina   Seréis
catedrático gracioso,
tan lampiño.

Doña Juana   No penséis,
que aunque autoriza la barba;

162

se sabe por ella.

Serafina   Bien;
mas como tan larga la usan,
que consistía pensé
en tenerla o no tenerla
el saber o no saber.

Doña Juana   ¿Y vos a qué habéis venido
a ver el Marqués?

Serafina   No sé.

Doña Juana   Acabad, decidlo.

Serafina   Tengo
cierta intercesión con él.

Doña Juana (Aparte.) (Aunque darme celos quiere,
celos no puedo tener
de que ella le quiera, puesto
que si yo le quiero a él,
y es ella la que le busca,
no es él quien la quiere bien.)

Serafina   Digo, que al Marqués buscaba,
pero él sale.

(Sale el Marqués.)

Marqués   No creeréis,
bellísima Serafina,
lo que he sentido no haber
sabido antes que esperabais

en esta sala.

Serafina   Ya sé
cuán cortesano y atento
sabe vuecelencia ser.

Marqués   ¿Vos qué queréis, don Alonso?

Doña Juana   Después de besar los pies
a vuecelencia, quería...

Marqués   Esperad, primero es
cumplir con esta visita.

Doña Juana   Digo, que os esperare
(Aparte.)   en esta sala. (¡Ay de mí!)

Serafina (Aparte.)   (¡Cielos, quién pudiera hacer
que don Alonso me oyera!)

Doña Juana (Aparte.) (Voime, que no quiero ver
mis celos.)

Marqués   ¿No os sentáis?

Serafina   Sí.

Marqués   ¿Qué me mandáis?

Serafina   Atended;
don Enrique de Villena,
señor mío...

Marqués   Saber ser

vuestro esclavo, es para mí
lo más que yo estimaré.

Serafina   Digo, que anoche en mi casa...

Marqués   Ya yo os entiendo; vendréis
a reñir, que en vuestro cuarto
me escondí anoche.

Serafina   No es
esto a lo que vengo agora;
mas vengo por eso, y creed
que a quien anoche obligastes
no os esconderá otra vez.

Marqués   Yo me fui, vos me sentisteis.

Serafina   Pues ahora he menester
licencia.

Marqués   Jamás he visto...
Quejaos, hablad, Serafina.

Serafina   Digo, que habrá cuatro o seis
años que a esta gran ciudad
de Salamanca a aprender
ciencias y artes os condujo
vuestro grande ingenio, a quien
los mayores de la escuela
rinden vasallaje, pues
en Leyes, Filosofía
natural, en conocer
por la docta Astronomía
cuanto en ese azul papel

escribieron las estrellas
para el mal y para el bien;
en la magia natural,
tan difícil de entender,
que nadie piensa que la hay
y vos solo la sabéis;
el último y el primero
sois, y el que ha llegado a ser
voz y aplauso, envidia y honra,
sin que os mueva el interés
de conseguir grandes puestos,
que si vos darlos podéis,
claro es, señor don Enrique,
que a vos no os puede mover
el útil del conseguir,
sino el triunfo del saber.
En este tiempo, Señor,
tan galante procedéis,
tan generoso, que no hay
en la escuela quien no esté
pagado de vos si es pobre,
prendado, si no lo es;
y no es lo más que os alabo
el dar, alabo el saber
dar a ocasión, que hay algunos
en las cortes, que aunque den
dan adonde ha de saberse,
y no donde es menester.
Sola yo, Príncipe mío,
sola yo, perdonaréis
que sea con vos grosera
la queja, pues siempre lo es.
Yo sola, vuelvo a deciros,
he llegado a merecer,

que lo que a todos les dais,
a mí sola me quitéis.

Marqués   ¿Qué doy yo que a vos os quite?

Serafina   A todos, señor Marqués,
dais honra, y a mí no más
me la quitáis.

Marqués   ¿No tendré
méritos para quereros?

Serafina   Antes eso es al revés;
galán, señor don Enrique,
sois, tanto como cortés,
o al menos, si no lo sois,
a mí me lo parecéis;
más sois también, atendedme.

Marqués   Vuestro soy.

Serafina   Nieto de un rey
de Castilla; yo, Señor,
soy (de aquesto os reiréis),
una mera escuderota,
en cuya antesala, aunque
haya alumbrado farol,
nunca ha ilustrado dosel.
Para mujer vuestra soy
poca mujer, ya se ve;
pues para ser vuestra dama
vengo a ser mucho también;
que allá en la montaña tengo
de cierto solar, que fue,

aunque los techos por tierra,
entera alguna pared;
toda la ciudad murmura,
y puesto que no he de ser
ni mujer ni dama, agora
nuevo Alejandro, podéis
darme a mí, sin que sea vuestra,
a mí propia por merced;
generoso sois con todos,
sedlo conmigo esta vez,
libradme a mí mi albedrío,
que amor tengo y quiero bien;
y aunque me estorbáis el lazo,
no descomponéis la red;
solo da aquel que da honra
honra os pido, agradeced
un desengaño a mi queja,
pues podéis lograr con él
que no esté esa voluntad
ociosa sin esta fe;
esto os suplico, esto os ruego,
honrad y favoreced
una mujer que os merece
este favor por mujer,
para que hoy puedan decir
los que os llamaron ayer
porfía de mi constancia,
que habéis sido, y que seréis
tan desconfiado, tan fino,
tan generoso, tan fiel,
tan atento, tan bizarro,
tan galante, y tan cortés,
que ha hecho con vos el ruego
lo que no pudo el desdén.

Marqués	A no ver yo que sois vos
	la que habláis, pudiera creer

A no ver yo que sois vos
la que habláis, pudiera creer
que no erais vos, Serafina;
mucho he sentido que erréis,
siendo tan gran cortesana,
el estilo del desdén;
quejaos, sí, de mi porfía,
decid que me aborrecéis,
llamad tema a mi constancia,
tiranía a mi poder;
mis desméritos pulid
allá como vos sabéis,
haciéndoos menos a vos
porque yo lo venga a ver;
pero sobre los desaires
venir vos misma después
a que oiga de vuestro enojo
que a otro amante queréis bien
es una queja sin arte,
una verdad con doblez,
sin gala un desprecio y una
venganza muy descortés;
que me dejéis no lo excuso,
yo mismo os ayudaré
a retirarme de vos,
mas que me dejéis querré
a mí por mí; mas no admito
que por otro me dejéis;
decir que otro amante amáis,
y decir que os deje, no es
venir a apagar la llama,
sino venirla a encender;
pero ya que me decís

que es otro a quien vos queréis,
yo os he de dar a vos misma,
y conmigo ha de poder
más vuestro ruego, que todos
los desaires que me hacéis;
esperadme en vuestra casa.

Serafina   ¿En mi casa, para qué?

Marqués   En ella os he de casar
con quien vos...

Serafina   ¿Pues vos sabéis
el amante que yo quiero?

Marqués   Serafina, sí lo sé,
y un secreto...

Serafina   ¿Qué secreto?

Marqués   Que ahora no podéis saber.

Serafina   ¿Por la magia?

Marqués   Por la magia.

Serafina   No es posible.

Marqués   ¿Lo creeréis
si yo llevo a vuestra casa
vuestro amante?

Serafina   Creeré
que me dais honor y vida.

Marqués	Pues vuelvo segunda vez a decir que os ha de dar la mano.
Serafina	¿Y vos quedaréis sin celos?
Marqués	Del que ha de darlos yo no los puedo tener.
Serafina	No os entiendo.
Marqués	Lo que digo es, que vos me vengaréis de vos.
Serafina	¿Con qué?
Marqués	Con casaros.
Serafina	Si esa la venganza es, vengaos luego.
Marqués	Eso deseo.
Serafina (Aparte.)	Pues digo, que esperaré en mi casa. (Amor, vencí.)
Marqués (Aparte.)	(Viles celos, ya os vengué.) Adiós.
Serafina (Aparte.)	(Un gran corazón, aunque se vengue, obra bien.)

(Vase.)

Doña Juana   Salir quiero, ya se ha ido.

Marqués   ¿Don Alonso?

Doña Juana   A agradecer
la cátedra que por vos...

Marqués   No me puedo detener,
que voy agora a la cueva
de Fileno, y voy a pie,
como está cerca.

Doña Juana   Pues yo
acompañándoos iré.

(Van andando.)

Marqués   ¡Gran fineza!

Doña Juana   Lo que yo
os quiero aún no lo sabéis,

Marqués   Sé quien sois, y sé lo mucho
que os debo.

Doña Juana (Aparte.)   (Él me da a entender
que sabe quien soy.)

Marqués (Aparte.)   (Ansí
me pienso vengar.)

Doña Juana	Muy bien me parece que os visiten damas.
Marqués	¡Oh! esta dama es, sobre pobre y escudera, vana como Lucifer.

(Van andando.)

Doña Juana	¿Y no os quiere?
Marqués	Qué sé yo.
Doña Juana	¿Pues qué os dice?
Marqués	Díceme, que a otro quiere.
Doña Juana	¿Esto sufristeis, señor Marqués?
Marqués	¿Qué he de hacer?
Doña Juana (Aparte.)	(Ahora es tiempo.) Yo conozco a una dama...
Marqués (Aparte.)	(Esta mujer anda buscando el camino de decirme que lo es, pero impórtame atajarla.)
Doña Juana	Que sé yo que os quiere bien, y no lo dice de miedo

que no la habéis de querer.

Marqués   ¿Muy hermosa?

Doña Juana   Tan hermosa
como Serafina.

Marqués   ¿A fe?
¿La he visto yo?

Doña Juana   La habéis visto.

Marqués   Pues no lo debe de ser.

Doña Juana (Aparte.) (¿Que esto oiga? Para los hombres,
como quieren al revés,
siempre el cariño es muy feo
y muy hermoso el desdén.)

Marqués   ¿Y vos no tenéis amor?

Doña Juana   Sí tengo; ¿pero creeréis
que he desconfiado de oíros?

Marqués   Decidme, ¿porqué?

Doña Juana   Porque
si se aborrece a quien ama,
recelo...

Marqués   No desconfiéis,
que yo sé bien...

Doña Juana   ¿Qué decís?

174

Marqués	Que os paga a quien vos queréis.
Doña Juana	Vos, ¿cómo podéis saberlo?
Marqués	¿Queréis saber que lo sé?
Doña Juana	Sí.

Marqués

    En casa de Serafina
hemos de ir.

Doña Juana

          ¿Cuándo?

Marqués

             Después
que haya salido de aquí.

Doña Juana   ¿Y no me diréis a qué?

Marqués

A burlar yo a quien me burla
a que os premie quien queréis.

Doña Juana (Aparte.)

(Si sabe el Marqués quien soy,
y por vengarse de quien
le aborrece dar el premio
quiere a mi amor y a mi fe...)

Marqués (Aparte.)

(Aunque ofrezco a doña Juana
pagar su amor, aquel que
una mujer desengaña
sin ofenderla, cierto es
que si en amor no la paga,
la paga en no la ofender.)

Doña Juana (Aparte.)	(Y esto fuera despicarse conmigo, y no me está bien un desaire; mas no importa, lógrelo yo, vénguese él.)
Marqués (Aparte.)	(¡Qué infeliz es la constancia!)
Doña Juana (Aparte.)	(¡Cobarde el mérito es!)
Marqués (Aparte.)	(Sabiendo que otra me ama, quizá me querrá.)
Doña Juana (Aparte.)	(También puede ser que el Marqués me ame; confianza, amor.)
Marqués	Ya llegué a la cueva de Fileno.
Doña Juana	Esperándoos estaré en casa de Serafina.
Marqués	Yo os iré a buscar después.
Doña Juana	Valor, esperanza mía.
(Vase.)	
Marqués	Amor, morir o vencer; dentro de la cueva he entrado, y a nadie en ella encontré. ¿Ah Fileno?
(Sale Bermúdez.)	

176

Bermúdez	¿Quién le llama?
Marqués	Don Pedro, ¿vos otra vez en esta cueva?
Bermúdez	Hame enviado Fileno a llamar, y a ver qué es a lo que aquí me llama en este instante llegué.
Marqués	A eso mismo vengo yo.
Bermúdez	Y como sé que sabéis la magia que os ha enseñado, también la quiero saber.
Marqués	¿Qué hace Fileno?
Bermúdez	Que ahora os saliese a entretener me pidió, en tanto que él sale.
Marqués	¿Quién os dijo que yo sé la magia?
Bermúdez	Ya sé que al Sol le turbáis la rubia tez, y que errando paralelos y líneas de rosicler, le hacéis que variando signos no pueda resplandecer; que vencido de la noche pida también al caer

en las sombras de Occidente
a los astros buen cuartel;
sé que podéis esta torre
trastornar, haciendo que
sea el cimiento remate,
y sea basa el chapitel;
agotar podéis al mar
la hermosa Luna, por quien
crece y mengua, que sereno
cuando había de llover;
ardiente el fuego extinguir,
los montes extremecer,
que estén conformes los vientos
constante el día, que esté
la sombra con resplandores,
la luz con amarillez,
y que este globo inferior,
pues está en el aire, dé,
de los vientos afilado,
un vaivén y otro vaivén.

Marqués   Nada puedo hacer que sea;
de todo esto puedo hacer
que aquello que ser no puede,
parezca a todos que lo es.

Bermúdez   Pues ni aun eso creo yo,
porque vos me hicisteis ser
incrédulo en estas cosas
de la magia.

Marqués   Mal hacéis;
mas dejando esta materia,
¿qué hay de vuestro amor?

Bermúdez	¿Sabéis que desde aquel feliz día que en esta cueva os dejé, fui en casa de don Alonso?
Marqués	Si eso es, no me lo contéis, que ya lo sé todo.
Bermúdez	Vos, ¿cómo lo podéis saber?
Marqués	Vos entrasteis en su casa, y a Carrasco hicisteis que os escondiera, por señas que le disteis...
Bermúdez	Así fue.
Marqués	Veinte escudos.
Bermúdez	Pero eso él os lo diría; sabed, que escondido en una pieza de su cuarto...
Marqués	Entró despúes don Alonso, y a Obregón mandó que cerrase.
Bermúdez	Así es; pero discurrir se pudo eso sin llegarlo a ver. Entró don Alonso...

Marqués	Y vos
	pudisteis desde un cancel
	ver, que mudándose el traje
	quedase en el de mujer;
	salisteis a esta ocasión,
	díjoos quien era, y después
	la dijisteis vuestro amor.
Bermúdez	Loco me habéis de volver
	de que sepáis un secreto
	que yo solamente sé;
	pero ya que por la magia
	sabéis eso, no sabéis...
Marqués	¿Qué? decidlo.
Bermúdez	Que me ama y quiere.
Marqués	Eso es lo que yo no sé.
Bermúdez	Como la guarde secreto,
	dijo, que he de merecer
	su mano.
Marqués	Quizá os engaña,
	porque vos se le guardéis.
Bermúdez	Puede ser; mas decid, ¿cómo
	lo sabré?
Marqués	Yo os lo diré.
	En casa de Serafina
	ha de ir doña Juana.

180

Bermúdez	Pues ¿qué importa que vaya allá?
Marqués	Id allá, que allá sabréis...
Bermúdez	Decid, ¿qué?
Marqués	Si doña Juana os quiere.
Bermúdez	¿Luego creeré, habiendo dicho que me ama que me olvida?
Marqués	Puede ser; mujer que confiesa luego que quiere, no quiere bien. Pudo engañar doña Juana.
Bermúdez	Antes lo entiendo al revés; cuando una mujer confiesa que olvida, suele querer; pues cuando dice que quiere ¿por qué no la han de creer?
Marqués	Bien decís, pero en la cueva pienso que entraron.
Bermúdez	¿Quién es?

(Salen Cetina y Zambapalo.)

Zambapalo	Dos mágicos han llegado,

que por ciencia singular,
un buey han de hacer volar
echándole de un tejado.

Cetina   Señor, ¿vuecelencia es...

Marqués   ¡Oh amigos!

Zambapalo   Y amigos caros.

Cetina   Mucho me pesa de hallaros
en esta cueva, Marqués,
porque vos sois desgraciado
y me ha dado grande pena;
con ser Marqués de Villena,
cosas os han levantado
que oírlas nunca creí.

Marqués   Cuanto la envidia dirá,
¿qué importa, si sabe ya
la verdad que no es así?
¿Qué dicen por ahí?

Zambapalo   Está lleno
el lugarcillo menguado
de que a un esclavo has mandado,
que te haga gigote.

Marqués   Es bueno.

Cetina   Gigote o pastel en bote.

Marqués   ¿Ya me hacen gigote?

Zambapalo	Ya; linda comida será un Marqués hecho gigote.
Cetina	Son duros, no hay quien los coma.
Marqués	¿Qué más dicen del Marqués?
Zambapalo	Que le mandaste después te meta en una redoma.
Marqués	El disparate en que han dado...
Zambapalo	Esto te estaba peor.
Marqués	Dí ¿por qué?
Zambapalo	Porque un señor no es bien que sea redomado.
Marqués	Dí, ¿para qué?
Cetina	Para ser inmortal.
Marqués	Que deso trates... ¡Lo que cree de disparates si el vulgo empieza a creer! ¿Inmortal?
Zambapalo	Agora es ello; dan en decir las mujeres...
Marqués	¿Qué dicen?

Zambapalo	¿Qué? que ver quieres esto y estotro y aquello. Dama que ve andar en pena a su galán noche y día, le dice: ¡Ay! Lo que quería ver el Marqués de Villena. Cuando un galán pasa ya por lo que en el prado pasa, y otro se esconde en la casa donde gasta y donde da; cuando es sombra el que es señor, cuando a un cándido marido le hacen creer que el vestido se ha hecho de la labor; cuando uno con bizarría envía un regalo a quien ama, y otro a quien quiere la dama se come lo que él envía; y él y ella a boca llena bien y mascan a porfía, dicen: ¡Ay! Lo que quería ver el Marqués de Villena. Señor, ¿no hemos de saber qué quieres ver?
Marqués	Imagina, que en casa de Serafina sabrás lo que quiero ver.
Zambapalo	Pues allá tengo de ir a verlo.
Cetina	Y yo he de ir allá.

184

(Sale Fileno.)

Fileno
Todos han venido ya,
ahora es tiempo de salir.

Marqués
¿Fileno?

Fileno
Señor Marqués,
vos seáis muy bien venido,
muy puntual habéis sido.
¿Amigo Cetina?

Cetina
Pues.

Zambapalo
¿Cuánto va que hay otro espejo?

Fileno
Hoy la suerte se ha de echar,
la puerta quiero cerrar.

Zambapalo
¿Para qué cerrará el viejo?

(Cierra.)

Fileno
Para lo que os supliqué
que hoy a mi cueva vengáis...

Marqués
Decidme, ¿a qué nos llamáis?

Fileno
Escuchad y os lo diré;
catorce años ha que errado
en esta cueva asistís.

Bermúdez
Dónde un maestro, decís,

	que la magia os ha enseñado, que hasta ahora ninguno vio, aunque con vos habitaba.
Fileno	Ese, cuando me enseñaba, con condición me enseñó esta ciencia no adquirida, que aquí venís a aprender, que su esclavo había de ser como en la muerte en la vida, y que de cuantos mi engaño enseñase la magia, un discípulo le había de dar por feudo cada año, y como faltar no puede este paso...
Zambapalo	¡Hay tal azar!
Fileno	Cada año se ha de sortear uno que conmigo quede; todos suertes han echado para esta satisfacción trece discípulos son los que en trece años le he dado y así, si hoy os conformáis a obedecer lo que os digo, uno ha de quedar conmigo de los cuatro que aquí estáis; hoy el plazo se llegó.
Cetina	¿Para eso me habéis llamado?
Fileno	Ea, ¿de qué os habéis turbado?

Marqués	¿Aquí, quién se turba?
Zambapalo	Yo que en otra trampa he caído.
Bermúdez	Con este pacto no entré a esta cueva; ¿y yo por qué pacto en que no he convenido le he de cumplir ni pagar?
Marqués	¿Yo hice con vos pacto alguno?
Fileno	Aquí ha de quedarse uno o los cuatro han de quedar; y así no...
Marqués	Aunque me he admirado de lo que Fileno intenta, haga cada uno cuenta que él no será el desgraciado, que yo he de entrar el primero.
Bermúdez	Y yo os quiero acompañar.
Fileno	Estas cédulas echar en este cántaro quiero;

(Saca un cántaro negro, y echa Fileno cuatro cédulas.)

a ver las suertes llegad;
¿veis aquí, señor Marqués,
que escritas están las tres
y la otra en blanco?

(Enséñale las cédulas y échalas en el cántaro.)

Marqués   Es verdad.

Fileno   Ya están todas dentro.

Zambapalo   Amigo,
buena la hace el que quedare.

Fileno   El que la blanca sacare,
es el que queda conmigo;
todas juntas las revuelvo.

Zambapalo   ¿Oyes, Fileno?

Fileno   ¿Qué dices?
Ten piedad de tus narices;
ábreme, que luego vuelvo.

(Saca una cédula el Marqués, y cierra la mano.)

Marqués   Saco una.

Fileno   Ya bien podéis...

(Saca otra Bermúdez, y hace lo mesmo.)

Bermúdez   Saco otra.

Fileno   Cetina venga
hasta que cada uno tenga
la suya no la enseñéis.

Zambapalo   ¡Oh cueva de Salamanca!

(Saca Cetina.)

Cetina   ¡Oh si yo quedase franco!

Zambapalo   Pues ven, ¿no se queda en blanco
               el que sacare la blanca?

(Llega a sacar Zambapalo.)

               En esto va que me lleve
               el diablo.

Fileno   Veamos los dos.

Zambapalo   ¡No tiene letras! por Dios
               que es blanca como la nieve.

(Tiéntala sin verla.)

Cetina   Libre estoy, escrita es.

Zambapalo   ¡Oh, santa Marta bendita!
               Esta también está escrita.

Bermúdez   Y esta.

Fileno   ¿Quién falta?

Zambapalo   El Marqués.

(Ahora enseñan todos las cédulas.)

Marqués	Yo la blanca saqué ahora.
Zambapalo	¿Qué me dices?

(Enseña la suya el Marqués, y está en blanco.)

Marqués	¿No lo ves?
Zambapalo	Dos mil años os gocéis con la cueva, mi señora.
Bermúdez	Otra vez se ha de sortear, Fileno, si dais licencia.
Marqués	¿Por qué?
Bermúdez	Porque vuecelencia, digo, que no ha de quedar en la cueva, o yo me quedo. Vaya otra vez.
Zambapalo	Contradigo la suerte.
Marqués	Don Pedro, amigo, yo sé que quedarme puedo; idos vos.
Bermúdez	Yo no me he de ir sin vos.
Zambapalo	¡Hay tan grande error! ¡Mirad, a un grande señor no se ha de contradecir,

	y esa es poca urbanidad.
Marqués	Idos, que yo os buscaré.
Bermúdez	¿Dónde os veré?
Marqués	En casa de Serafina me esperad; idos.
Bermúdez	Señor, advertid...
Marqués	La salida tengo cierta.
Bermúdez	Fileno, abridme la puerta, que quiero salir.

(Abre la puerta Fileno.)

Fileno	Salid, don Pedro.
Cetina	Yo iré con vos.
Zambapalo	Oyes, yo también iré con entrambos.
Bermúdez	Sígueme.
Zambapalo	Adiós, señor amo.
Cetina	Adiós.
Zambapalo	Ahora el diablo se le lleva.

Fileno	Ea, salid.

(Cógele su amo del brazo.)

Marqués	Eso no. ¿Pues he de quedarme yo sin un criado en la cueva?
Fileno	Dice muy bien, y esa ha sido vuestra obligación.
Cetina	Sí fue.
Zambapalo	Señor, yo te llamaré a otro, que yo me despido.
Fileno	Aquí no habéis de quedar, esa vuestra estancia es; ea, entrad, señor Marqués.
Marqués	(Mi sombra le he de dejar.)
Zambapalo	¡Bueno he quedado, ay de mí!
Fileno	Ahora os toca obedecer.
Marqués	El Sol he de escurecer, no me he de apartar de aquí a la noche semejante, vario el día quedará; ninguno conocerá propio ni ajeno semblante.

192

Fileno	Poco ese valor me asombra.
Marqués	Pues ea, llegad.
Zambapalo	¿Qué haré?
Fileno	Desta suerte os llevaré.
Marqués	Pues ahí queda mi sombra.

(Va el Mágico a abrazar al Marqués, y oscurécese el día con un velo, y por abrazar el Mágico al Marqués abraza a Zambapalo; salen por debajo de tierra diferentes animales con luces.)

Fileno	Venid.
Zambapalo	Que soy yo; ¡ah traidores amos, oh amos malvados! En efeto, los criados son sombra de los señores.
Fileno	¡Ay, el Marqués me engañó! Vive mi pena inmortal, con la magia natural la diabólica burló, siendo yo quien la ha enseñado; infame conmigo ven, y al espíritu también que me gobierna ha burlado: su mucha ciencia me asombra, sígueme, así te castigo.

(Quiérele llevar.)

Zambapalo	Fileno, no andes conmigo, que yo tengo mala sombra.
Fileno	Más templar contigo creo mis iras como mi enojo, no lleve tan vil despojo quien pensó tan gran trofeo; Ea, vete.
Zambapalo	Santa Lucía, los ojos se me han quebrado.
Fileno	El día se ha cobrado, pues no me ha de ver el día ni más he de parecer donde ninguno me vea; la pálida sombra fea es la que me ha de valer.

(Húndese debajo de tierra.)

Infierno, ¿dónde te escondes?

Zambapalo	Ojalá que allá te fueses; si hacen esto los marqueses, miren qué harán los vizcondes. ¡Ay! por Dios, que ha amanecido.

(Vuelve a descubrirse el día, y hállase Zambapalo en casa de Serafina.)

En la calle estoy, y es esta
la casa de Serafina.
Entrar quiero dentro della.
¡Ah, Señora! ¡ah Serafina!

(Sale Serafina.)

| Serafina | ¿Quién es? ¿quién llama? |

(Sale doña Juana.)

| Doña Juana | ¿Quién era? |

| Zambapalo | El demonio. |

(Sale Cetina.)

| Cetina | ¿Y el Marqués? |

| Zambapalo | Bercebú. |

(Sale Bermúdez.)

| Bermúdez | ¿Adónde se queda? |

| Zambapalo | El diablo se le ha llevado. |

| Cetina | ¿Pues no quedaba en la cueva? |

| Zambapalo | A mí me dejó a enfriar. |

| Serafina | Respóndeme, ¿dónde dejas
al Marqués? |

(Sale el Marqués.)

| Marqués | Aquí está ya,
no le busquen. |

Serafina   Vuecelencia
me cuesta un susto.

Doña Juana   Y a mí
toda una vida me cuesta.

Marqués   Burlé al mágico Fileno,
porque tiene tanta fuerza
la natural magia, que
la demoniaca mesma.
Quedó burlada con ser
espíritu quien la enseña.

Zambapalo   ¡Ay!

Marqués   ¿Qué has visto?

Zambapalo   Un amo en sombra,
que no paga.

Cetina   Calla, bestia.

Marqués   Yo traigo una intercesión,
que ha de ser antes que sepan
a lo que vengo.

Serafina   Si es
conmigo, daros quisiera
el sí, primero que vos
me mandéis que os obedezca.

Marqués   Que recibáis a Juliana
que es fina criada vuestra

	y se ha valido de mí.
Serafina	Bien es menester que sea tan grande el intercesor para que a mi casa vuelva. Quítate, Juliana, el manto, conmigo otra vez te queda.
Julia	¡Qué noche por ti he pasado! Dios te lo perdone.
Cetina	Y a ella.
Doña Juana	Ahora, señor Marqués pregunto...
Serafina	Saber quisiera...
Doña Juana	A en casa de Serafina...
Serafina	¿A qué nos llamas?
Doña Juana	¿Qué intentas?
Marqués	Yo os he llamado a dos cosas.
Doña Juana	¿Cuáles son?
Marqués	Es la primera, que don Pedro y don Alonso, y que Serafina vean, ella, un premio, un desengaño don Pedro, y una fineza don Alonso; pero es antes...

Bermúdez	Ea, declárate.

Marqués

           Que sepan
qué es lo que yo quiero ver.

Bermúdez

Eso es lo que ver desean
todos los que están aquí.

Doña Juana

Esta novedad extrema.

Serafina

Descífranos este enigma.

Cetina

Tiempo para esotro queda.

Marqués

Pues todos me están atentos...

Doña Juana

Yo escucho.

Serafina

              Yo estoy atenta.

Marqués

Esto es lo que quiero ver.

Cetina

Dilo pues.

Bermúdez

        Prosigue.

Zambapalo

           Empieza.

Marqués

Porque la magia he estudiado,
y no por usar mal della,
que el deseo de saber
solo ha sido por saberla;
piensa el mundo que me quiero

hacer inmortal, y piensa
que ver quiero raras cosas,
más por raras que por nuevas;
hay quien piense que ver quiero
que el mundo no lo parezca,
que estén los cetros sin brazo,
las coronas sin cabeza;
en lo desierto los hombres,
poblando imperios las fieras,
que sean los cielos discordes,
comunidades la tierra;
que reine la libertad,
y que a las familias nuestras
la necesidad intente
hacer doméstica guerra.
Engáñase la ignorancia,
saber por saber desea
el Marqués, como también
vivir por vivir quisiera;
no crea, pues, la malicia,
ni menos la envidia crea
que esto es lo que quería
ver el Marqués de Villena;
lo que yo quisiera ver
por novedad, es, que fuera
el amigo tan seguro
que fiársele pudiera
dama, hacienda, honor y vida;
pero he visto en esta era,
amigos, que retocados
a una sola destas piedras
no salen de aquel metal
que se imaginó que fueran;
que haya verdad en los hombres,

en la fe correspondencia,
atención al beneficio,
haya premio a la fineza;
que pueda el mérito más
que el favor, que no padezca
el mísero y abatido
lo que el poderoso yerra;
que deje de estar quejoso
el satisfecho, que exceda
el valor a la fortuna,
y que ella a la envidia venza;
que estén conformes los hombres
en la guerra, sin que atiendan
más que al servicio del rey
y no vanidades necias;
que aunque novedades, son
tales novedades estas,
que es esto lo que quería
ver el Marqués de Villena;
mas que la virtud se llame
hipocresía, que tenga
nombre de buen gusto el vicio,
la necesidad que sea
todo lisonjas, que llamen
al adulterio flaqueza,
regalo al soborno llamen,
a la traición llamen fuerza,
ingenio a la flojedad,
y a la cobardía estrella,
no es eso lo que quería
ver el Marqués de Villena,
lo que deseo ver es
que el puesto que se pretenda,
si la juventud le pide

que le alcance la experiencia;
que la ciencia y la ignorancia
no se igualen; que el que deja
que le echen toda la carga,
no se la echen toda entera
por la lealtad y el amor
conque la sufre y la lleva;
pero dejemos ahora...

Serafina   ¿Qué dices?

Marqués   Esta materia;
yo he venido a cuatro cosas
que quiero ver, que son estas:
vos me habéis dicho, señor
don Alonso, que quisierais
saber si os ha de querer
a quien queréis.

Doña Juana   ¿Quién lo niega?

Marqués   ¿Y vos, don Pedro, queréis
hacer la misma experiencia?
A vos, Señora, ofrecí...

Serafina   Que hoy mi esposo y dueño sea
a quien quiero.

Marqués   Vos queréis
a don Alonso.

Serafina   No fuera
firme amante quien agora
le negare esa fineza.

Marqués	Pues vos, don Alonso, dadla la mano.
Doña Juana (Aparte.)	(Yo creí, necia, que el Marqués sabía quién soy; pues me engaño, con la mesma industria la he de engañar, para vengarme siquiera de que ella quiere al Marqués.) Esta es, Serafina bella, mi mano.

(Da doña Juana la mano a Serafina.)

Serafina	Y esta la mía.
Marqués	¿Estáis agora contenta, Serafina, de tener por dueño quien os merezca?
Serafina	Sí.
Marqués	Sabed que ésta es mujer.
Serafina	Vive el cielo, que esto fuera para que yo misma a mí me diera muerte sangrienta.
Doña Juana	Doña Juana de Madrid soy.
Bermúdez	Y a mí me quiere.

202

Doña Juana	Espera, tan bueno es esotro engaño, porque aunque a mí me aborrezca, solo al Marqués he querido.
Serafina	¿Qué dices?
Doña Juana	Y ahora entra lo que ver quiere el Marqués.
Marqués	Dí, ¿cómo?
Doña Juana	Desta manera: yo, como veis, he estudiado en la ciudad y en la escuela, el primero fue mi ingenio; mas no estudiando la ciencia de aborrecer, porque amor tiró al ala y logró flechas. Yo pude errar en querer; pero no estoy yo tan ciego que he de amar aborrecida; porque la dama que ruega a quien de otra se ha prendado no hace más con las finezas de darle a la otra dama los méritos que tiene ella. Pues ahora que hay mujer de ingenio tal, tales prendas, que a los mayores sujetos de tan grande escuela exceda, que una cátedra consiga, que un amor tan firme venza,

que desde hoy quiere honestar
este error con esta enmienda,
esto es lo que quería
ver el Marqués de Villena.

Bermúdez   Pues esto también quería
ver el Marqués; y es, que sepas
que cuando te tuve amor
no pensé que a otro quisieras;
ahora que sé que a otro amaste,
y ahora que lo confiesas
no quiero yo para propia
la que pudo ser ajena.

Marqués   Pues que el amor me vengase
de quien me olvida y desprecia,
y que al que adoré como hombre
sea mujer que a mí me quiera,
esto es lo que quería
ver el Marqués de Villena.

Serafina   Corrida, viven los cielos,
quedo.

Zambapalo   Pues esta comedia...

Cetina   Sin casamiento...

Julia   Sin muerte...

Marqués   Hoy a vuestros pies presenta...

Doña Juana   Vuestro esclavo don Francisco...

204

Serafina	De Rojas...
Bermúdez	Que humilde os ruega
Doña Juana	Que le deis todos un vítor.
Marqués	Que si le consigue, piensa...
Todos	Que es esto lo que quería ver el Marqués de Villena.

Fin de la comedia

Libros a la carta

A la carta es un servicio especializado para
empresas,
librerías,
bibliotecas,
editoriales
y centros de enseñanza;
y permite confeccionar libros que, por su formato y concepción, sirven a los propósitos más específicos de estas instituciones.

Las empresas nos encargan ediciones personalizadas para marketing editorial o para regalos institucionales. Y los interesados solicitan, a título personal, ediciones antiguas, o no disponibles en el mercado; y las acompañan con notas y comentarios críticos.

Las ediciones tienen como apoyo un libro de estilo con todo tipo de referencias sobre los criterios de tratamiento tipográfico aplicados a nuestros libros que puede ser consultado en Linkgua-ediciones.com.

Linkgua edita por encargo diferentes versiones de una misma obra con distintos tratamientos ortotipográficos (actualizaciones de carácter divulgativo de un clásico, o versiones estrictamente fieles a la edición original de referencia). Este servicio de ediciones a la carta le permitirá, si usted se dedica a la enseñanza, tener una forma de hacer pública su interpretación de un texto y, sobre una versión digitalizada «base», usted podrá introducir interpretaciones del texto fuente. Es un tópico que los profesores denuncien en clase los desmanes de una edición, o vayan comentando errores de interpretación de un texto y esta es una solución útil a esa necesidad del mundo académico.

Asimismo publicamos de manera sistemática, en un mismo catálogo, tesis doctorales y actas de congresos académicos, que son distribuidas a través de nuestra Web.

El servicio de «Libros a la carta» funciona de dos formas.

1. Tenemos un fondo de libros digitalizados que usted puede personalizar en tiradas de al menos cinco ejemplares. Estas personalizaciones pueden ser de todo tipo: añadir notas de clase para uso de un grupo de estudiantes, introducir logos corporativos para uso con fines de marketing empresarial, etc. etc.

2. Buscamos libros descatalogados de otras editoriales y los reeditamos en tiradas cortas a petición de un cliente.